TIRANOS, VÍCTIMAS E INDIFERENTES…

Wess Roberts

Tiranos, víctimas
e indiferentes…

Estrategias para lidiar
con compañeros difíciles

EMPRESA ACTIVA

Argentina - Chile - Colombia - España
Estados Unidos - México - Uruguay - Venezuela

Título original: *It Takes More Than A Carrot And A Stick*
Editor original: Andrews McMeel Publishing, Kansas City, Missouri,
  USA.
Traducción: Carlos Martínez Rueda

© 2001 *by* Wess Roberts
© de la traducción 2003 *by* Carlos Martínez Rueda
© 2003 *by* Ediciones Urano, S. A.
  Aribau, 142, pral. - 08036 Barcelona
  www.empresaactiva.com
  www.edicionesurano.com

ISBN: 84-95787-28-8
Depósito legal: B - 725 - 2003

Fotocomposición: Ediciones Urano, S. A.
Impreso por Romanyà Valls, S. A. - Verdaguer, 1 - 08786 Capellades
(Barcelona)

Impreso en España - *Printed in Spain*

Dedico este libro a Jeremy, Jaime, Jared, Justin y Christine, con mi sincero deseo de que siempre sean el tipo de personas que los demás quieran conocer. También se lo dedico a Cheryl que me ha ayudado a saber tratar con personas a las que yo hubiera evitado.

Y a millones de personas que para ganarse la vida deben tratar a diario con personas negativas y que se autolimitan.

Reconocimientos

A pesar de que el escritor trabaja en solitario, todo libro requiere la dedicación de un equipo. Por tal razón deseo mencionar a las personas que han jugado un papel importante para hacer llegar esta obra a los lectores.

El «*equipo visitante*» incluye a Allan Stark, Lesa Reifschneider, Kelly Gilbert, Patrick Dobson y John Carroll, al editor de producción y a todo el personal de la editorial Andrews McMeel Publishing.

El «*equipo de casa*» incluye a Justin Roberts, mi discreto colaborador en la redacción de este libro. Christine Roberts, Jaime Lucas y Jared Lucas revisaron los borradores, corrigieron errores e hicieron numerosas sugerencias para mejorarlo. Jeremy Roberts editó el manuscrito antes de enviarlo a Andrews McMeel. Agradezco en especial a Cheryl la ayuda que me prestó en el desarrollo del contenido de la obra y su amor incondicional, su paciencia, y el apoyo que siempre me ha dado.

Índice

Introducción

Tiranos, víctimas e indiferentes... es una guía para gestionar las relaciones personales en el trabajo. Todos los que trabajamos tenemos compañeros, y la forma como nos relacionamos con ellos influye enormemente en nuestro nivel de satisfacción profesional. Ningún trabajo es perfecto. Algunos son mejores que otros. En todos nos encontraremos siempre con gente con la que no congeniamos.

En el mejor de los casos, las relaciones en el lugar de trabajo son enriquecedoras para todos los involucrados. En el peor, estas relaciones destruyen el menor atisbo de urbanidad. Nuestras relaciones pueden fluctuar entre estas dos posibilidades extremas.

La manera como nos compenetramos con nuestros compañeros tiene una enorme influencia sobre la calidad de nuestras relaciones personales. Las personas que consiguen desarrollar y mantener sintonías positivas en su lugar de trabajo suelen disfrutar de mejores relaciones personales fuera del mismo. Cuando alguien cuyo entorno laboral es bueno sufre un mal día en la oficina, normalmente, no regresa a su casa y pega a su perro para descargar su agresividad.

Durante el día pasamos más tiempo interactuando con nuestros compañeros de trabajo que con cualquier otra persona. Dada la extensión de la jornada laboral, las relaciones que se generan en el trabajo cuentan con más tiempo para moldear nuestras actitudes y afectar el estado general de nuestro bienestar emocional que cualquier otra relación. Y, con el transcurso del tiempo, hasta las relaciones más destructivas se aceptan como si fuera lo más natural del mundo.

Siempre resulta fácil congeniar con compañeros que no se dedican a sabotear nuestra autoestima, arrasar nuestro entusiasmo o fastidiarnos de cualquier manera posible. Estos compañeros nos tratan con respeto, y nosotros les correspondemos con la misma moneda. La facilidad de trato con este tipo de personas hace innecesario cualquier consejo sobre cómo relacionarse con ellos; surge de una forma natural.

Sin embargo, en algún momento, todos estamos expuestos a trabajar con personas cuyos pensamientos y comportamiento están regidos por su carácter inflexible y retorcido. Estas personas podrían ser distintas pero les falta el incentivo o el conocimiento de sí mismas, o ambas cosas, para cambiar. No hace falta buscarlas, ellas nos encontrarán. Y una vez que conozcamos, aunque sea superficialmente, su forma de pensar y actuar, reconocerlas será tan fácil como reconocer al lobo entre un rebaño de ovejas. Sus pensamientos y sus actos los convierten en personas que se autolimitan debido a que reprimen su potencial. Perjudican al funcionamiento de sus compañeros, crean tensión en el trabajo y ponen enormes trabas a la posibilidad de congeniar con ellos. Y no nos equivoquemos, este tipo de individuos puede ser uno de nuestros superiores, alguien de nuestro propio rango o uno de nuestros subordinados. Por supuesto, cuanto mayor es su responsabilidad, mayores son los efectos negativos que generan, lo que hace que en ocasiones entenderse con ellos sea un trabajo hercúleo.

En la jerga empresarial actual las personas que se autolimitan son llamadas «idiotas». Sin embargo, esta alusión peyorativa contentará sólo a aquellas personas con una determinada «actitud» que intentan justificar de una forma rápida y superficial su negativa a relacionarse con cualquiera que piense o actúe de una manera diferente a la suya. Pero no podemos renunciar a la responsabilidad de establecer relaciones positivas con nuestros compañeros de trabajo de una forma tan simple y rápida. Ningún individuo es totalmente responsable unilateralmente de una relación «idiota». Todas las partes involucradas determinan esa relación.

La etiqueta de «idiota» puede producir cierta confusión también. La incapacidad (o la falta de voluntad para hacer un esfuerzo) para relacionarse con alguien no hace de la persona un estúpido o un tonto sin remedio. Lo que realmente resulta idiota es despreciar lo que se puede conseguir al intentar relacionarse con las personas a las que nuestro instinto nos aconseja eludir.

Conseguir comportarnos de una manera diferente a lo que marcan nuestros propios instintos no se logra de una manera espontánea. Tampoco la efímera y engañosa catarsis que sentimos cuando nos reímos con los chistes sobre jefes ineptos y compañeros aviesos nos ayuda a mejorar el mal ambiente que ellos crean. Antes de que podamos entendernos con personas a las que instintivamente evitamos, deberemos conocer algunas fórmulas prácticas para tratarlas adecuadamente. Y relacionarse con este tipo de personas siempre requiere un gran esfuerzo. También exige una gran dosis de paciencia, prudencia, tenacidad y, a veces, valentía.

Las personas de trato problemático para sus compañeros son tan resistentes como cucarachas, son tan multifacéticas como un mimo, y consiguen sobrevivir, incluso, a los ciclos más adversos de las empresas. Las reducciones de personal consiguen hacer desaparecer a algunos, pero nunca a todos. Los procesos de reorganización son situaciones en las que los directivos se intercambian este tipo de personas entre ellos como si fueran cromos; aquellos subordinados considerados carentes de valores positivos son intercambiados por otros cuyos propios jefes también consideran carentes de valor. Las evaluaciones sobre el rendimiento laboral tampoco conseguirán hacerlos desparecer porque no hay jefes con las suficientes agallas para enfrentarse a ellos. Y esto en el fondo son buenas noticias.

Las malas son que si se les deja sin control, las personas que se autolimitan se multiplican tan rápidamente como los ratones de laboratorio tratados con pastillas para la fertilidad, en especial en los ciclos de expansión económica. De la misma manera que unas pocas cucarachas o unos ratones, unos pocos ejemplares de este tipo de personas pueden producir serias molestias que contaminen un ambiente laboral sano. Sin embargo, un grupo pequeño de personas que se autolimitan es siempre una preocupación sin importancia. Pero si se presentan en grupos diseminados pueden ser realmente preocupantes. Tienen la capacidad de crear entornos de trabajo tóxicos dominados por las actividades improductivas, las distracciones permanentes y en los que incluso pueden llegar a producirse situaciones violentas. Y por si esto fuera poco, intentar llevarse bien con esta gente provoca normalmente una tensión que puede afectar a nuestro hogar y a nuestra vida personal.

Por suerte, existen formas prácticas para tratar con casi todo tipo de personas. Hasta con personas tan molestas que incluso su sola presencia puede resultar emocionalmente agotadora y físicamente extenuante para sus compañeros de trabajo. Para llegar a ser capaz de tratar con la gente que se autolimita es necesario saber reaccionar ante las situaciones infantiles, negativas, peligrosas, destructivas y a veces simplemente aviesas que crean. Esto no significa convertirse en los terapeutas de estas personas. Esta tarea es mejor dejársela a los profesionales.

Este libro explica cómo tratar con quince tipos de personalidades diferentes de personas que se autolimitan y que podemos encontrar en nuestro trabajo. Al no existir definiciones universales para identificar estos tipos he tenido que crear unas etiquetas descriptivas de cada uno de ellos para facilitar su reconocimiento.

No existe una fórmula universal para tratar a este tipo de personajes. El despido es la solución más sencilla, pero hacerlos desaparecer significa estar bien *sin* ellos en lugar de *con* ellos. Y no existe ninguna garantía de que sus sustitutos supondrán una amenaza menor para nuestro entorno laboral. Indudablemente, siempre puede uno buscarse otro empleo cuando uno de estos personajes empieza a convertir su vida en un infierno. Sin embargo, esta fórmula escapista no nos garantiza que acabaremos en una empresa en la que nuestras relaciones con nuestros compañeros de trabajo están libres de desafíos, sencillamente porque dicha empresa no existe.

En algunos casos, personas con rasgos inflexibles y contraproducentes en su forma de pensar y comportarse no encajarán plenamente en alguna de las categorías expuestas en el libro porque sus rasgos se solapan con más de una categoría. Por esta razón, algunas de las fórmulas para tratar a cada tipo sirven para más de una categoría. A pesar de las redundancias ocasionales, existen pautas prácticas para relacionarse con cada una de las categorías de individuos. Teniendo en cuenta que el tipo de personas descrito en este libro nunca podrá ser evitado totalmente, una pequeña vacuna sobre cómo tratarlos puede ser un buen antídoto a la hora de relacionarnos con ellos en el trabajo.

1

Los Grandes Fantasmas

«Masters del Universo»

Dominantes y arrogantes, los Grandes Fantasmas se comportan impulsados por un gran sentimiento de autoimportancia. Su ego es tan grande que en el día del Juicio Final, cuando vean a Dios en lo alto, sentado en su trono, se limitarán a mirar hacia arriba y decir: «Oiga, que está sentado en mi silla».

Los Grandes Fantasmas son autoritarios, arrogantes y engreídos y se consideran a sí mismos los únicos con capacidad para hacer las cosas, independientemente del puesto que desempeñen. Están obsesionados por hacer grandes cosas, y necesitan permanentemente el reconocimiento de los demás. Toman grandes precauciones para proteger su frágil autoestima, porque se ofenden con gran facilidad ante el menor desprecio y son tremendamente celosos y vengativos ante cualquier amenaza para su imagen. Su gran vanidad les impide sonrojarse en lo más mínimo cuando alguien les adula.

Los Grandes Fantasmas son criaturas con comportamientos oportunistas, lo que les lleva a convertirse en pavos reales o en guerreros feroces; pueden ser encantadores como políticos en campaña electoral o astutos como un zorro a la caza de un conejo para la cena. Si se ven obligados a escoger entre el poder y la riqueza, los Grandes Fantasmas optarán probablemente por el poder porque saben que el poder siempre puede ser utilizado para labrarse una fortuna personal.

Los Grandes Fantasmas son una rareza en una época en la que se valora especialmente la humildad, la cooperación, la armonía y la benevolencia. Por el contrario, son altivos, ambiciosos, desagradables y maleducados.

Por otra parte, los Grandes Fantasmas suelen ser tremendamente autodisciplinados, metódicos, inteligentes y muy competitivos, rasgos que los convierten en ejecutivos muy eficaces. Tienen una capacidad especial para establecer relaciones por interés y saben muy bien cómo aprovecharse de sus contactos con personas influyentes. También tienen una extraordinaria energía para conseguir objetivos importantes. Y aparte de lo astronómicamente bien pagados que estén, la mayor parte de los beneficios de sus conquistas acaban por favorecer a muchas personas diferentes, ya sean trabajadores, inversores, la comunidad e incluso los clientes.

Como jefes, los Grandes Fantasmas tienden a ser unos líderes impacientes pero hábiles, con una visión amplia derivada de su arrogante orgullo. Son muy exigentes con sus compañeros y suelen intimidar a la mayoría de las personas. Normalmente son tan insensibles que inconscientemente provocan que otros se sientan mal consigo mismos. Y sus numerosas y reconocidas victorias en las guerras internas de las empresas, hacen insignificantes las batallas perdidas.

Como colegas, los Grandes Fantasmas son matones que hacen lo que consideren necesario para eliminar a sus competidores. Los departamentos que dirigen y los proyectos que lideran son siempre mucho más importantes para la viabilidad de la empresa que los que llevan los demás. En consecuencia, los Grandes Fantasmas acaparan la atención del jefe, disponen de los presupuestos más grandes y cuentan con los equipos más numerosos. Y todo esto provoca que la atención del jefe no se centre en ti, hace disminuir tu presupuesto, y te roba personal de apoyo, lo que en definitiva hace difícil competir con ellos, porque siempre se aseguran de que las condiciones jueguen a su favor.

Como subordinados, los Grandes Fantasmas son difíciles de dirigir. Exigen una gran parte de tu tiempo y de tu atención. Y si tú no se lo das, no repararán en medios para conseguirlo. De todas maneras, si estos personajes, competentes como son, no logran intimidarte, sus resultados serán mejores que el de cualquier otro subordinado que realice el mismo trabajo.

El verdadero problema de tratar con los Grandes Fantasmas no radica sólo en las expectativas extraordinariamente altas que conciben para ellos mismos y para los demás. Radica sobre todo en su ejercicio dictatorial del poder, que intimida y espanta, impide afrontar riesgos, reprime la creatividad y origina resentimiento en detrimento del respeto. Ciertamente, tratar con un Gran Fantasma puede resultar tan intimidatorio como encararse con un tigre armado simplemente con un palo. Pero no necesariamente deber ser así, o al menos no debería serlo.

Si trabajas para un Gran Fantasma:

- *Sé consciente de quién manda.* Los jefes Grandes Fantasmas no comparten su poder con nadie. No ganarás ninguna lucha de poder con ellos, así que no pierdas el tiempo ni tus energías en el intento. No importa lo poco involucrado que esté en un tema un jefe Gran Fantasma, normalmente no conseguirás imponerte con los datos y la lógica. Y en la mayoría de los casos, las batallas con un jefe Gran Fantasma terminarán con tu despido. Sin embargo, si te sientes obligado a estar en desacuerdo con un jefe Gran Fantasma sobre un tema u otro, prepara bien los deberes. Nada te hundirá más rápidamente que manifestar tu desacuerdo con un Gran Fantasma sin estar perfectamente preparado. Presentarse desarmado en un duelo sería más seguro para tu autoestima y más aconsejable para la salud de tu credibilidad.

Si quieres que un directivo Gran Fantasma te respete y te trate bien debes presentarte con un planteamiento bien pensado, significativo y útil. Los directivos Grandes Fantasmas son arrogantes pero escuchan y en ocasiones apoyan puntos de vista diferentes, sobre todo si pueden utilizar tus ideas en beneficio propio. Por lo tanto, en lugar de emprender una batalla que no puedes ganar, conviértete en un aliado; si eres una pieza importante para el éxito del jefe Gran Fantasma, él hará todo lo posible para que tú triunfes.

• *Aprende a diferenciar las humillaciones sin tacto de las críticas constructivas.* Los Grandes Fantasmas tienden a reprender indiscriminadamente a sus subordinados a pesar de que un comentario discreto sería mucho más efectivo y beneficioso. Esta costumbre puede destruir tu confianza y erosionar tu entusiasmo si te tomas a pecho todo lo que un Gran Fantasma te pueda recriminar. Debes comprender que ese tipo de comportamiento descortés no tiene nada de personal contra ti sino que es simplemente su estilo de dirección, su *modus operandi*. A pesar de todo, si prestas atención en lugar de cerrarte completamente, podrás descubrir aportaciones, en medio del ruido y la furia, que pueden ayudarte a mejorar tus resultados en el trabajo, lo que en definitiva también mejorará tu capacidad para relacionarte con un Gran Fantasma.

- *No seas un pusilánime.* Un Gran Fantasma puede terminar con un pusilánime más rápidamente que una persona resfriada acaba con un paquete de kleenex. La explicación es que los pusilánimes prefieren huir antes que luchar cuando su dignidad está siendo pisoteada. Nadie tiene derecho a pisotear tu dignidad. Enfrentarte a un Gran Fantasma abusivo es mucho menos peligroso de lo que los pusilánimes piensan. Los Grandes Fantasmas entienden perfectamente que su reputación de maltratar a sus subordinados no será totalmente disculpada a pesar de los resultados espectaculares que ofrezca en otros aspectos en su trabajo.

- *Sé útil.* Los Grandes Fantasmas desarrollan relaciones basadas exclusivamente en lo que los demás pueden hacer por ellos. Aunque ellos mismos sean en ocasiones poco detallistas, esperan que los demás sean meticulosos en su trabajo. Esto significa que cuando trabajes para un Gran Fantasma debes hacer lo que ellos consideran que debe hacerse, y debes hacerlo bien. Te guste o no, es en tu propio beneficio el hacer quedar bien a tu jefe. Cuando aquello que haces sirve para mejorar la imagen de tu jefe, también mejora la tuya. Y no hay mejor sistema para congeniar con un jefe Gran Fantasma.

Si tienes un compañero que es un Gran Fantasma:

- *Abstente de entrar en batallas personales.* Los Grandes Fantasmas poseen egos débiles lo que les lleva a enfatizar sus conocimientos para evitar cualquier desafío a su superioridad. En una discusión un Gran Fantasma siempre se impondrá con su currículo. Su educación siempre será mejor que la tuya. Conocen a más personas importantes que las que conoces tú. Y por descontado siempre habrán conseguido mejores resultados que tú. Por supuesto, todo esto no les convierte en verdaderos expertos sino simplemente en intimidadores a los que les gusta avasallar. Las personas realmente competentes no necesitan apoyar sus argumentos sacando a colación que fueron a tal universidad, relatando la cantidad de personas que conocen o sus grandes éxitos. Lo cierto es que apabullar con un currículo, con contactos de relumbrón o impresionar con laureles de guerra es más un síntoma de inseguridad personal que de confianza en uno mismo. No tengas miedo de opinar sobre temas y asuntos que conoces bien. Si realmente sabes de lo que estás hablando, todo el mundo se dará cuenta de ello...

En contrapartida, si el tema de discusión está fuera de tu campo de conocimientos, es siempre mejor escuchar y aprender, porque cuando hablas sobre algo que desconoces todos se darán cuenta. Y recuerda que imponerte con tu ego no hace más importante o creíble aquello que digas, más bien al contrario, distrae la atención.

- *Defiende tu territorio.* Los Grandes Fantasmas son como matones en la escuela que roban el bocadillo a los enclenques de la clase. Y al igual que los matones, ellos nunca atacarán a aquellos que estén dispuestos a defender su derecho a ser tratados de forma educada.

- *Elige tus amigos con sabiduría.* Los Grandes Fantasmas no pueden evitar crearse numerosos enemigos. A pesar de que no puedes elegir a tus compañeros, sí que puedes seleccionar aquellos con los que te relacionas. Es importante recordar que aunque los Grandes Fantasmas están dispuestos a destruir el ambiente civilizado en una organización para conseguir sus propios objetivos, suelen ser ascendidos con más rapidez que sus otros compañeros. Ésta es la razón por la que es mejor no convertirse en enemigo de un Gran Fantasma. La clave en este punto es cumplir con tu trabajo, y no intentar hacer el papel de mediador, porque ésta es una responsabilidad del jefe.

- *Colabora, coopera y comunícate.* El Gran Fantasma no tiene como objetivo destruirte a ti sino defender sus intereses, y no pierde el tiempo ni la energía con lo que no es relevante. Si trabajas en un equipo con un Gran Fantasma, a pesar de que él será siempre la estrella tú también serás el foco de atención. Mientras compartas el éxito con un Gran Fantasma aprovecha la oportunidad para exhibir tu talento.

Si diriges a un Gran Fantasma:

- *Adjudícale tareas difíciles.* Los Grandes Fantasmas tienen unos egos tan grandes que necesitan oportunidades para ser héroes. Dándoles responsabilidades que requieran de toda su energía evitarás que se dediquen a intimidar a sus compañeros y a amedrentarte a ti. Además, los Grandes Fantasmas suelen conseguir aquello que se proponen, por lo que encargarles tareas duras te hará a ti aparecer como un jefe eficaz.

- *Ayúdale a comportarse bien.* El impulso natural de un Gran Fantasma le lleva a molestar a sus compañeros incluso después de cualquier advertencia de que deje de intimidarlos. Simplemente no conoce otro método de cooperar o competir y entiende que molestar e intimidar a sus compañeros es una señal de fortaleza en lugar de verlo como lo que realmente es: tácticas agresivas y debilidad de carácter. En consecuencia, se debe recordar permanentemente a un Gran Fantasma su obligación de tratar a sus compañeros con respeto. Una vez que un Gran Fantasma recibe estas advertencias, normalmente rebaja sus ímpetus y controla su comportamiento agresivo, hasta que dejes de mantener a raya su ego.

- *Administra las gratificaciones con justicia.* Los Grandes Fantasmas se consideran a sí mismos los elegidos entre todos sus compañeros, lo que les hace verse como los verdaderos merecedores de una mayor retribución que los demás. Las compensaciones que reciben no son nunca suficientes para colmar su insaciable necesidad de reconocimiento o para mantener sus débiles egos inflamados. Si aceptas sus constantes solicitudes de más muestras de reconocimiento de las que realmente se merecen con justicia, ocurrirán dos cosas; en primer lugar perderás parte de tu credibilidad, y en segundo lugar tu sistema de gratificación quedará devaluado ante los ojos de tus subordinados.

Por otra parte, si no reconoces suficientemente la labor de un Gran Fantasma, buscará, y por fin encontrará, otro jefe que lo haga. Por consiguiente, a pesar de que administrar las gratificaciones con justicia no está nunca mal, si no consigues reconocer la labor de un Gran Fantasma de la manera en que él espera de ti, al final lo perderás como colaborador. Y ten por seguro de que hay ocasiones en las que conservar un Gran Fantasma como colaborador es lo suficientemente importante como para gratificarlo más allá de lo que la prudencia señala.

Llevarse bien con un Gran Fantasma se basa fundamentalmente en no permitir que el arrogante sentido de su propia importancia se convierta en una barrera para tu contacto con él. Concéntrate en temas específicos. No te dejes atrapar por problemas personales con este tipo de personas. Y recuerda siempre que si puedes obviar sus evidentes defectos de carácter, un Gran Fantasma se convierte en un aliado y consejero que puede ayudarte a conquistar tus propias ambiciones.

2

Los Figurines Relumbrosos

«Modelos de pasarela»

Superficiales y engañosos, los Figurines Relumbrosos basan su éxito en el trabajo en su capacidad de adaptación y en su falsedad. Son tan buenos embaucadores como los anunciantes de productos, que en ocasiones acaban por creerse ellos mismos las ilusiones que se han inventado. Los Figurines Relumbrosos son individuos poco sinceros, impresionables, mentirosos y manipuladores y poseen un gran instinto de supervivencia. A pesar de ser ambiciosos, les falta la suficiente preparación para triunfar por sus propios méritos. Así que se basan en sus sofisticadas habilidades personales y su sutil astucia para triunfar en el trabajo, de la misma forma que los leopardos basan su supervivencia en la reserva natural del Serengeti en la agilidad y la velocidad.

Los Figurines Relumbrosos no adoptan nunca una postura de oposición frontal porque no se encuentran cómodos en un ambiente competitivo. Así que buscarán el compromiso para agradar a las personas que ostentan la autoridad. No es probable que se preocupen por los intereses de sus compañeros porque están demasiado ocupados cuidándose de los propios. Los Figurines Relumbrosos se toman a mal que se les recuerde su falta de preparación, que se debe no tanto a su falta de capacidad intelectual como a su propensión a escoger siempre el camino del menor esfuerzo. Y la adquisición de conocimientos, una de las ocupaciones humanas que genera más satisfacciones, exige normalmente un gran esfuerzo.

Los Figurines Relumbrosos son una rareza en un mundo en el que se espera que todos aportemos valor añadido a la empresa. Ellos, en cambio, prefieren estafar en vez de producir. De hecho, su supervivencia depende de su capacidad para convencer a los demás de que hagan lo que ellos no quieren hacer, su trabajo. Visto con cinismo, éste es un arte que nunca se debe infravalorar o despreciar cuando estás hasta la coronilla de trabajo.

Curiosamente, los Figurines Relumbrosos suelen ser optimistas, y ven el lado bueno en las peores circunstancias. Por lo general son divertidos y alegres. Como utilizan sus recursos con habilidad y se aprovechan del trabajo de otros, los resultados de los Figurines Relumbrosos suelen ser aceptables.

Como jefes, los Figurines Relumbrosos basan la mayoría de sus decisiones en su intuición en lugar de en información objetiva. Hacen muchas preguntas y buscan señales de duda en el comportamiento verbal y no verbal de los demás, y luego deciden sobre la marcha. Controlan de cerca a su equipo. Están dispuestos a delegar sus responsabilidades pero no su autoridad. Los resultados son otro cantar; si son buenos, ellos son los responsables. Pero si son malos siempre será culpa de otro.

Como compañeros, los Figurines Relumbrosos no se ganan su propio pan. Son fieles a su máxima de que el trabajo es mejor dejárselo a aquellos que creen que un día de honrado trabajo está relacionado con la propia satisfacción profesional. Los Figurines Relumbrosos contemplan cada jornada laboral como una sucesión de oportunidades para mentir sobre sus resultados, y con frecuencia consiguen apropiarse del mérito de otros y recibir las gratificaciones que en justicia no les corresponden.

Como subordinados, los Figurines Relumbrosos son demasiado inteligentes como para parecer estúpidos o desinformados porque están al tanto de lo que ocurre en su entorno. Saben qué desea la dirección y tienen la suficiente formación para aparentar saber sobre un tema, aunque después sean incapaces de desarrollarlo. Son ladrones sin compasión de méritos y reconocimientos y son capaces de mancharse las manos a fin de hacer creer que contribuyen de forma personal a las tareas encomendadas.

El mayor problema para tratar con los Figurines Relumbrosos no es sólo su superficialidad sino también su enorme habilidad para presentarse como colaboradores. Saben que no colaboran, pero actúan como si nadie más lo supiera. Todos los demás saben que no contribuyen pero hacen ver que no lo saben. Un Figurín Relumbroso puede ser tan difícil de detectar como un camaleón. Pero eso acaba cuando uno es capaz de percibir que detrás de su imagen se esconde una elegante triquiñuela.

Si trabajas para un Figurín Relumbroso:

- *Protégete con un escudo contra la seducción.* Los Figurines Relumbrosos son capaces de seducirte con sus artimañas para que hagas por ellos lo que nunca harías voluntariamente. Por esta razón es aconsejable buscar excusas educadas para salir de situaciones en las que de otra manera serías utilizado sin el menor beneficio para ti. Para que caigas en su red de engaños te enjabonarán con promesas que no tienen ni la intención ni la capacidad de cumplir.

- *Acepta que te controlen.* Los Figurines Relumbrosos realmente desean que sus subordinados tengan éxito. Sin embargo, quieren conocer en todo momento lo que ocurre a su alrededor y tienen tendencia a controlarte y observarte a tus espaldas siempre. Esta propensión no pretende perjudicar tu trabajo sino saber exactamente lo que estás haciendo y cómo lo estás haciendo. Ocultar información a un Figurín Relumbroso es una equivocación fatal que se volverá en contra tuya. Por el contrario, cuanto mejor informado mantengas a un Figurín Relumbroso más espacio te concederá para respirar.

- *Evita los tecnicismos.* Los Figurines Relumbrosos tienen una formación técnica más bien limitada, lo que hace que debas comunicarte con ellos en términos comprensibles. El abuso de tecnicismos no impresionará a un Figurín Relumbroso y únicamente le causará frustración, lo que en última instancia redundará en tu perjuicio.

- *Compórtate como adulto.* Utiliza tus conocimientos para ayudar a los directivos Figurines Relumbrosos a mejorar su comprensión de los aspectos técnicos que ellos son incapaces de entender del todo. Poner en evidencia en público la falta de conocimientos de un Figurín Relumbroso es una tentación constante y fácil. Pero jamás te reportará beneficios en el trabajo y en cambio es fácil que te coloque en una situación comprometida. A nadie le gusta que le pongan en evidencia. Por el contrario, todos admiramos a aquellos que son capaces de hacer un esfuerzo para compensar los puntos débiles de sus jefes.

Si tienes un compañero que es un Figurín Relumbroso:

- *Tu trabajo es lo primero.* Los Figurines Relumbrosos siempre manipulan a sus compañeros para

que hagan algo por ellos. Pero, independientemente de que tu espíritu de trabajo en equipo te
empuje a ayudar a tus compañeros a conseguir sus
objetivos, nunca alcanzarás grandes resultados si
la calidad de tu propio trabajo se resiente por ello.
Realizar tu propio trabajo antes de ayudar a tus
compañeros en el suyo no es una postura egoísta
sino responsable.

• *Mantén informado a los demás.* Cuanto más
sepan los demás y, en especial, tu jefe sobre tu trabajo y tus avances, más difícil resultará que te ro-
ben tus ideas o que alguien se atribuya tus méritos. No tienes que jactarte de nada porque esos
alardes se considerarán como un defecto de tu carácter. Igual que en todos los temas, mantén informados de tus actividades a través de los canales
establecidos a todos los que deben estarlo. Informar a los demás se considera juego limpio y te reportará puntos adicionales en el trabajo.

Si diriges a un Figurín Relumbroso:

• *Da vida al figurín.* Los Figurines Relumbrosos desean presentarse como personas útiles y valiosas
para la empresa. Nada facilitará tanto tu trabajo
como conceder una oportunidad a un Figurín Relumbroso para que adquiera los conocimientos y
la formación que le permitan ser útil y productivo
para la organización.

• *Ensalza cuando se deba ensalzar.* Los jefes competentes suelen alcanzar la mayor parte de sus objetivos delegando, y saben distinguir y gratificar a
sus subordinados cuando han cumplido satisfac-
toriamente con las tareas que les han sido asigna-

das. Si se le dirige correctamente, un Figurín Relumbroso se dará cuenta de que fingir no le aporta nada; y esto le animará a colaborar de una manera destacada.

- *Cuidado con las señales de alarma.* Igual que un niño pequeño con la llave de una tienda de golosinas en su mano, un Figurín Relumbroso no se inhibe ante nada y puede solicitar con bastante insistencia favores indebidos a sus compañeros de trabajo, a los vendedores e incluso a los clientes. Permanece alerta y observa posibles síntomas de comportamientos inapropiados e invita al Figurín Relumbroso a evitar este tipo de comportamientos en el trabajo. En la mayoría de los casos, los Figurines Relumbrosos controlarán esos impulsos imprudentes una vez tengan claro que cualquier comportamiento incorrecto no será tolerado.

Llevarse bien con los Figurines Relumbrosos se basa fundamentalmente en ayudarlos a superar su limitado desarrollo intelectual. Si se les obliga a ganarse el pan como el resto de la gente, los Figurines Relumbrosos acabarán siendo responsables de su propio trabajo y recibirán la correspondiente recompensa por su contribución real a los resultados de la empresa. Sorprendentemente, el mundo del trabajo es demasiado benevolente con los Figurines Relumbrosos. Si no fuera así, perderían rápidamente sus empleos.

3

Los Lobos Solitarios

«Independientes totales»

Impulsivos y arrojados, los Lobos Solitarios son individuos independientes y seguros de sí mismos, movidos por una extraordinaria y constante necesidad de autoexaminarse. Poseen una tendencia tan marcada a no depender de nadie que serían capaces de coserse sus propias heridas en la sala de urgencias del mejor hospital del mundo. Los Lobos Solitarios son aventureros, impacientes, tienden al enfrentamiento y tienen una gran confianza en sí mismos. Son inconformistas a quienes les gusta hacer las cosas a su manera. Prefieren los cambios y necesitan poder expresarse de una forma desinhibida; no se adaptan bien a situaciones en las que son controlados de cerca o en las que encuentran frenos que regulan su libertad de acción.

Los Lobos Solitarios son individualistas pero no egocéntricos. Desean sinceramente poder ayudar a los demás y contribuir al éxito de la empresa. Son compasivos pero no simpáticos. Son muy persuasivos y manipuladores y son capaces de exteriorizar sus sentimientos de una manera muy clara simplemente con la expresión de su cara. Suelen tratar a los compañeros competentes con respeto, pero no toleran bien a los mediocres, y desafían a la autoridad sin el menor reparo, sólo para entretenerse. De esta forma, los Lobos Solitarios suelen intimidar con facilidad a los pusilánimes, pero por el contrario nadie conseguirá intimidarles a ellos.

Los Lobos Solitarios son una rara y sorprendente especie en una época en la que el trabajo en equipo sobresale como la regla de oro en todos los sistemas organizativos. No saben jugar en equipo y su carácter independiente les empuja a actuar siguiendo sus propias pautas sin freno ni miedo a las posibles consecuencias.

Quizá por esto los Lobos Solitarios aceptarán sin ambigüedades responsabilidades aparentemente imposibles, que harían palidecer de miedo al resto de sus compañeros. Los Lobos Solitarios trabajan con tal dedicación que normalmente desarrollan sus difíciles responsabilidades más rápido y con mejores resultados que cualquier grupo de compañeros suyos.

Como jefes, los Lobos Solitarios congenian bien con las personas con iniciativa que requieren poca supervisión para desarrollar sus tareas de manera satisfactoria. Delegan tanto sus responsabilidades como su autoridad en los subordinados en los que confían. Pero la otra cara de la moneda es que los Lobos Solitarios prefieren deshacerse de los mediocres antes que dedicarles el tiempo y el esfuerzo necesarios para hacer de ellos subordinados competentes y con iniciativa.

Como compañeros, los Lobos Solitarios no están preparados para el trabajo en comités y tienen muy poca paciencia para las reuniones. Los Lobos Solitarios consideran los comités como un mal necesario para aquellos compañeros que carecen del valor o la capacidad para tomar decisiones por ellos mismos. Para ellos, los comités son un problema a evitar en la medida de lo posible. Y dado que los Lobos Solitarios se vuelcan en sus propias tareas, no se debe esperar que te echen una mano en tu trabajo. Pero sí se puede prever que intenten usurpar tu trabajo si esto contribuye a sus propios resultados y al lucimiento de sus responsabilidades.

Los Lobos Solitarios

Como subordinados, los Lobos Solitarios se comportan mejor cuando están bajo la dirección de alguien al que respetan, lo que se traduce en un individuo que les planteará nuevos retos y que les dará libertad para desarrollar sus responsabilidades a su manera. Sin embargo, si un Lobo Solitario no respeta a su jefe, intentará arrebatarle su autoridad, y es sabido que suelen conseguirlo. En ambos casos, los Lobos Solitarios son fieles a su empresa y cuando se les presenta una tarea realmente dura, ellos la completarán o al menos pondrán todo su empeño en el intento.

El problema de trabajar con los Lobos Solitarios no radica tan sólo en que son individualistas en una partida que se juega en equipo; el efecto conjunto de su despreocupado valor junto con su falta de espíritu de equipo se convierten primero en un freno y después en una fuerza autodestructiva. Los Lobos Solitarios pueden ser tan beligerantes como el general George Patton en su carrera militar. Pero como Patton, los Lobos Solitarios pueden ser colegas tremendamente beneficiosos una vez se sabe cómo tratarlos.

Si trabajas para un Lobo Solitario:

* *Toma la iniciativa.* Los jefes del tipo Lobos Solitarios te podrán perdonar fallos cometidos de buena fe pero no perdonarán la indecisión. Si demuestras un poco de arrojo y mucho entusiasmo en tu trabajo, un Lobo Solitario se convertirá en el mejor tutor del que tendrás el privilegio de aprender. De hecho, los jefes Lobos Solitarios tienen una gran capacidad para potenciar colaboradores que tengan la voluntad aunque carezcan de los recursos para contribuir al valor añadido de su departamento. Más aún, los Lobos Solitarios se sienten orgullosos de ayudar a sus colaboradores en el desarrollo de sus carreras. Y si tú estás dis-

puesto a hacer un esfuerzo que contribuya a su éxito, los jefes Lobos Solitarios te proporcionarán más oportunidades en tu carrera profesional de las que jamás hubieras podido soñar.

• *No prepares excusas.* Si tienes problemas para cumplir los objetivos marcados no te presentes nunca ante un Lobo Solitario con excusas o justificaciones. Percibirán este tipo de comportamiento como un signo de debilidad. Un modo mucho mejor de tratar a este tipo de jefes es ser directo. Explícale los problemas que has encontrado y las soluciones que has probado. Después pídele consejo sobre la forma de solucionar la situación. Y recuerda que los Lobos Solitarios siempre están dispuestos a ayudar a sus colaboradores a solucionar sus problemas, pero sólo si antes sus subordinados han intentado solventarlos por su cuenta.

• *Deja tu hipersensibilidad en casa.* Los Lobos Solitarios no son unos cretinos sin tacto, pero sí son tremendamente sinceros. Si la sinceridad te molesta, trabajar para un Lobo Solitario se convertirá en una experiencia que te provocará constantemente ansiedad. Pero si, por el contrario, respetas la sinceridad y no te interesan los juegos infantiles de personalidades, trabajar para un Lobo Solitario se convertirá en una experiencia que te renovará y te fortalecerá.

Si tienes un compañero que es un Lobo Solitario:

• *Si no participas, apártate de su camino.* Siendo como son individualistas por naturaleza, los Lobos Solitarios no tienden a ser buenos trabajadores en equipo. A pesar de esto, colaborarán con los demás mientras cada cual asuma su carga correspondiente. Mientras tú desarrolles la parte que te corresponda un Lobo Solitario te tratará con respeto y te echará una mano si es necesario. Pero si tú no colaboras un Lobo Solitario te tratará como a un felpudo en un día de lluvia.

- *Establece límites.* Por instinto, los Lobos Solitarios apenas dan importancia a las directrices organizativas que separan su campo de acción del de sus compañeros. Si algo o alguien de tu propia área les parece un elemento útil, se apropiarán de él sin pedir tu permiso. A pesar de esto, si le recuerdas a un Lobo Solitario que debe cuidar sus modales, lo entenderá. Y de esta manera para él serás alguien que no permite intrusos en su territorio.

Si diriges a un Lobo Solitario:

- *Cárgalo de responsabilidades.* Los Lobos Solitarios se enorgullecen de poder asumir más trabajo que dos o más de sus compañeros juntos. Cuanto más difíciles sean las responsabilidades asignadas, más empeño pondrán en desarrollarlas con éxito. Si carecen de retos, los Lobos Solitarios se convierten en fuente de problemas. Si están aburridos o ansiosos pueden ocasionar numerosos contratiempos a sus compañeros y a sus jefes, lo que a su vez acaba por crearles problemas a ellos mismos y por convertirles en sus peores enemigos.

- *Acepta la sinceridad.* Si la sinceridad te molesta, no pidas opiniones que no quieres oír. Los Lobos Solitarios no son precisamente tímidos a la hora de presentar sus opiniones sinceras, aunque éstas puedan ser críticas con los demás. Esta característica les convierte a la vez en elementos valiosos y molestos: valiosos cuando el pensamiento crítico es útil, y molestos cuando ha pasado el momento de la crítica.

• *No pierdas de vista las intenciones de fondo.* Los Lobos Solitarios pueden ser en ocasiones personas con tendencias autolimitativas y autodestructivas. En ningún caso se trata de individuos mal intencionados que actúan para sabotear la eficacia de sus compañeros o para destruir la reputación de nadie. Por estas mismas razones, los Lobos Solitarios, que normalmente no son conscientes de que su comportamiento «normal» puede resultar ofensivo a los demás, aceptan sin problemas los consejos que les ayuden a ser conscientes de su comportamiento autolimitativo y autodestructivo.

Para llevarse bien con los Lobos Solitarios es necesario comprender que se trata de individuos independientes y audaces que necesitan probarse a sí mismos constantemente. Curiosamente, estos rasgos permiten a los Lobos Solitarios sobresalir en tareas complicadas que no requieran de un trabajo en equipo. Sin embargo, estos rasgos pueden ser también negativos: algunas situaciones son verdaderamente temibles, muchos retos sólo se pueden superar trabajando en equipo y las personas que triunfan verdaderamente no necesitan probarse a sí mismas todo el tiempo. Por consiguiente, cuando el trabajo en equipo deba imponerse, será siempre una buena idea recordar a los Lobos Solitarios que no es necesario que te demuestren su valía todo el tiempo, sino que lo que deben hacer es controlar su arrogante seguridad personal para permitir el trabajo en equipo.

4

Los Androides

«Obedientes hasta el fin»

Obedientes y descuidados, los Androides son personas inseguras que dependen absolutamente de la buena voluntad de los demás. Son tan serviles que, igual que un cervatillo deslumbrado por los faros de un coche, los Androides se quedan paralizados en situaciones en las que deberían pensar y actuar por sí mismos.

Los Androides están siempre angustiados, son sumisos y lo saben. Carecen de imaginación. Tienen una pobre opinión sobre sus propias capacidades y esperan que les ocurra lo peor si no consiguen agradar a los demás. Tienen la necesidad de ser protegidos por figuras con autoridad a las que consideran sabios y de las que piensan que tienen las mejores intenciones hacia ellos. Y para cumplir con el dictado y el deseo de una autoridad los Androides harán casi cualquier cosa. De hecho, su credulidad no sólo hace que sean ellos mismos limitados sino que les hace figuras potencialmente peligrosas. Muchas veces tomarán cualquier comentario espontáneo al pie de la letra y actuarán sin pararse a pensar en el asunto.

Los Androides guardan sus sentimientos, no se manifiestan y no expresan sus opiniones negativas acerca de otros. No responden bien a la presión de la competitividad, porque tienen una gran necesidad de ser motivados, apoyados y reafirmados por parte de sus compañeros. Además y debido a que los Androides son demasiado respetuosos para protestar por órdenes inapropiadas, tienen tendencia a actuar como se les ha indicado incluso si son conscientes de que es incorrecto.

Los Androides son elementos extraños en un mundo en el que ser seguro, espontáneo e independiente resulta ventajoso. Por el contrario, ellos son pasivos, dubitativos y dependientes.

Los Androides tienen puntos positivos: son cumplidores, siguen directrices y evitan crear problemas a los demás. Además su actitud resulta un grato contraste frente a otros compañeros que luchan por arrebatarte tu trabajo o que harán cualquier cosa para dejarte mal delante de los demás.

Como jefes, a los Androides les cuesta mucho motivar a sus colaboradores, delegar responsabilidades o tomar decisiones. De igual modo, los Androides suelen ahogar la creatividad y limitar la espontaneidad, la innovación y el riesgo, todo lo que en definitiva es opuesto a los rasgos que deben caracterizar a un jefe eficaz. Sin embargo, suelen ser buena gente que quiere hacer bien su trabajo y que intentarán ayudar a sus colaboradores a triunfar en su carrera.

Como compañeros, los Androides harán todo lo posible para evitar el conflicto personal, lo que en definitiva les lleva a no tomar parte en los debates entre compañeros, en grupos de trabajo o en decisiones. A pesar de todo suelen ser trabajadores dedicados que normalmente cumplen sus obligaciones de una manera aceptable.

Como subordinados, los Androides presentan una dependencia infantil de sus jefes. Necesitan que se les proteja de cualquier situación desagradable y que se les reconozca cualquier pequeña tarea realizada. También necesitan motivación constante. Y además esperan recibir dirección e instrucciones para cualquier aspecto de su trabajo. Por otro lado son sinceros en su dedicación, intentan cumplir y están dispuestos a trabajar duro.

El problema para llevarse bien con los Androides no es su necesidad de agradar a los demás, sino su dependencia de que se les diga qué hacer y cómo hacerlo, lo que limita enormemente su utilidad. Trabajar con un Androide puede resultar tan irritante como tener un perro guardián que sólo ladre cuando se le pide. Pero una vez que conoces las teclas que has de tocar, llevarse bien con los Androides es muy fácil.

Si trabajas para un Androide:

- *Dale soluciones, no problemas.* Los jefes del tipo Androide son demasiado inseguros para manejar las dificultades de una manera efectiva, pero a pesar de ello tú tienes la responsabilidad de informar a tu jefe de los problemas que él debe conocer. En vez de informarle simplemente de los problemas, infórmale de los pasos que estás dando para solucionarlos. Normalmente un jefe Androide no te proporcionará nuevas ideas ni te corregirá tus decisiones. En estas circunstancias es mejor seguir adelante. Los jefes Androides son tremendamente indecisos, y esperar su aprobación puede entorpecer tus avances. Cuando la indecisión de un jefe Androide se convierte en un obstáculo, siempre es mejor pedir disculpas más tarde que esperar permiso para hacer tu trabajo en el presente.

- *Haz propuestas razonables.* Los jefes Androides tienen aversión al riesgo. No esperes que se expongan al peligro para ayudarte a prosperar. Sin embargo, esta aversión puede ser beneficiosa para tu trabajo. Si mantienes tus propuestas arriesgadas dentro de un límite razonable, te apoyarán, aunque sólo sea por tenerte contento. Sin embargo, tenerte a ti contento estará siempre en un segundo plano, porque a quien realmente quieren satisfacer los jefes Androides es a sus propios jefes. Pero si averiguas lo que sus jefes esperan de ellos puedes adecuar tus propuestas a esas expectativas. Quizá tengas que adaptar un poco tus propuestas, pero en cualquier caso debes evitar presentarlas de una manera irresponsable o imprudente. Tu plan acabará por perjudicarte si provocas que tu jefe Androide acabe por rechazar una propuesta que presentada con cautela habría sido aceptada.

Si tienes un compañero que es un Androide:

- *Tenlo en cuenta en tus movimientos.* A pesar de que normalmente desempeñan el papel de florero en el trabajo, es siempre recomendable animar a un compañero Androide a tomar parte activa en las tareas colectivas. Tratarlos como si no existieran o no importaran contribuirá a reducir su ya de por sí bajo nivel de autoestima, lo que a ti no te ayudará para nada pero sí herirá sus sentimientos. Insiste en recabar su opinión y sus ideas en trabajos en equipo. Anímales a que hablen cuando te resulte evidente que se están guardando algo para ellos mismos. Los Androides son pasivos y sumisos, pero no son estúpidos. Una vez que entiendan que tú realmente aprecias sus puntos de vista, empezarán a ser más directos a la hora de expresarse y a proporcionarte un apoyo útil cuando lo necesites.

- *Dales seguridad.* Los Androides se sienten fácilmente intimidados porque son retraídos y les cuesta afrontar los conflictos. Quieren ser apreciados y harán casi cualquier cosa para lograrlo. Pero los Androides darán rodeos para evitar a las personas que perciben como peligrosas para su frágil autoestima. Permanece especialmente atento a la necesidad de tus compañeros Androides de confiar en las personas con las que se relacionan. Si eres amable y colaborador con ellos, los Androides acabarán confiando en ti. Y una vez que han confiado en ti, harán lo imposible para compensar tus atenciones tanto de palabra como de hecho.

Si diriges a un Androide:

* *Ayúdale a superarse.* Los Androides no tienen una inclinación natural para manejarse en situaciones que les exijan pensar y actuar de forma independiente. Si se les asignan responsabilidades que requieran un criterio propio, la toma de decisiones y la asunción de riegos, antes de dejarles que superen sus limitaciones personales, acabarán fracasando en el cumplimiento de sus responsabilidades, y por lo tanto tú no podrás dirigirlos con eficacia. Sin embargo no se debe encasillar a los Androides como colaboradores sin capacidad de progresar. Si están bien dirigidos, los Androides pueden desarrollar sus capacidades y la confianza en sí mismos necesarias para superar su miedo a pensar y actuar independientemente. Asegúrate siempre de que tus subordinados Androides están realmente preparados para llevar a cabo las tareas que les asignas. Y si no lo están, proponles otras actividades a desarrollar o proporciónales la formación que les permita cumplir los cometidos que les has encomendado.

- *Enséñale a confiar en sí mismo.* Enseñar a un Androide a tener confianza en sí mismo, a ser independiente, seguro y confiado, es como enseñar a un niño a andar. Al principio se necesita mucho tiempo, paciencia y apoyo. Es importante también gratificar los primeros pasos en solitario. Pero con el tiempo, irán descubriendo que la confianza en uno mismo reporta sus propias recompensas, se darán cuenta de que agradar a los demás no es siempre necesario ni conveniente y se convertirán en una carga menos para ti.

- *Comunícate con claridad.* Los Androides se dejan llevar por la impulsividad y no por la razón. Es conveniente asegurarse de que han entendido con claridad las pautas e indicaciones que les has dado. Y si no estás seguro del todo de que te han comprendido, pídeles que te las repitan . Esto te permitirá comprobar si has sido entendido correctamente. Al mismo tiempo, te proporcionará la seguridad de que no harán nada que tú no quieras que se haga.

- *Pídeles sus opiniones.* Cuando un Androide quiera instrucciones para solventar un problema que puede solucionar él solo, recíbelo con un «¿Y tú qué opinas?, me gustaría escuchar tu opinión». Esta técnica les animará a pensar por su cuenta. Además la interpretarán como una señal de que confías en sus criterios. Por otra parte, esto les dará la oportunidad de expresar sus ideas y sentimientos con tranquilidad. Cuantos más Androides acaben actuando y pensando por su cuenta, más seguros y autónomos se convertirán, lo que a su vez facilitará tu trabajo de dirección.

- *No te aproveches de su vulnerabilidad.* Los Androides son tremendamente vulnerables a la explotación por su ciega obediencia a los deseos de los demás. De esta manera, los Androides que estén bajo tus órdenes deben ser objeto de atención especial para evitar que se conviertan en víctimas. Colócalos en puestos en los que puedan triunfar y dales responsabilidades que puedan desarrollar. No permitas que los demás se aprovechen de ellos y no explotes su infantilismo en beneficio propio. Aprovecharse de la debilidad de un colaborador Androide es indigno y puede tener consecuencias muy desagradables.

Llevarse bien con los Androides implica acostumbrarlos a no ser dependientes de los demás y a abandonar su profunda necesidad de agradar a su entorno. El primer paso para ayudarles a superar su arraigada inseguridad es hacerles comprender que no pueden depender de recibir consejos para cada decisión. Y ayudarles a entender que es imposible complacer a todos todo el tiempo es la llave para permitirles desarrollar todo su potencial oculto.

5

Los Trabajo-Dependientes

«Hambrientos de poder»

Exigentes y tenaces, los Trabajo-Dependientes están impulsados por una insaciable necesidad de sentirse poderosos. Están tan obsesionados con la idea de que trabajar un montón de horas supone la base de su poder que, al igual que los entrenadores que maquillan los resultados de un partido, ellos continuarán trabajando incluso sin pensar si echarle más horas a un proyecto es evidentemente inútil.

Los Trabajo-Dependientes son personas tremendamente tensas, normalmente poco sociables, muy competitivas y bastante dominantes. Tienen aspiraciones bastante altas, pero en última instancia no aspiran a una posición de poder para hacer del mundo un lugar mejor. Los Trabajo-Dependientes buscan el poder por una razón diferente. De hecho, el poder para un Trabajo-Dependiente no es más que el primer eslabón de una larga cadena de impulsos egoístas: el poder abre oportunidades, las oportunidades reportan riqueza personal, la riqueza personal significa independencia financiera, que es su objetivo último. Y que nadie se equivoque, su lucha por la independencia financiera está guiada por una ambición sin límites que perjudica su discernimiento desde el principio. Pero como nunca pueden alcanzar suficiente poder, nunca consiguen que su discernimiento mejore.

Cuando la mayoría de las personas habla de trabajar muchas horas, su intención es acabar un proyecto. Otros que también deben trabajar muchas horas lo hacen por necesidad, para ganarse el sustento. Y otros que se quedan en el trabajo después de completar su horario están escapando de la infelicidad en su vida personal. Pero para los Trabajo-Dependientes el trabajo es algo que no se acaba nunca. Es por esto que tener cerca un Trabajo-Dependiente es como guardar un tiburón en la bañera. No se pueden esconder y tampoco lo harían si pudieran. Parece que nunca duermen. De la misma manera que un tiburón necesita nadar constantemente para poder respirar, los Trabajo-Dependientes necesitan estar siempre ocupados para sobrevivir psicológicamente. Como resultado de ello, los Trabajo-Dependientes están obsesionados por controlarlo todo, y su preocupación constante por los detalles les impide ver el bosque, ellos sólo pueden ver los árboles.

Naturalmente, los Trabajo-Dependientes tienden a mantener relaciones interpersonales tensas, a padecer estrés crónico y a estar tan agotados que no pueden pensar con claridad. Sus problemas tienen además la característica de entorpecer la productividad de todos los demás. Nada de esto preocupa a los Trabajo-Dependientes, que trabajarán hasta la muerte para conseguir lo que ellos perciben como la erótica del poder. Sin embargo, nunca podrán disfrutarla realmente porque no están trabajando con un objetivo, trabajan simplemente por trabajar.

Los Trabajo-Dependientes son una especie atípica en un mundo en el que el desarrollo eficaz de planteamientos imperfectos allana el camino del éxito. Están tan obsesionados con la mecánica de la eficacia, con planificar, organizar y programar, que acaban por alargar el tiempo necesario para completar sus obligaciones.

Por otra parte, cuando a un Trabajo-Dependiente se le fija un objetivo específico resulta excepcionalmente productivo. Asimismo trabajan bien bajo presión y prestan atención a los pequeños detalles que, a menudo, marcan la diferencia en la calidad del resultado de su trabajo y el de sus colaboradores. Además, los Trabajo-Dependientes no escatimarán dedicación para cumplir con plazos concretos. Como jefes, los Trabajo-Dependientes exigen, más allá de lo razonable, dedicación de sus subordinados sin pensar siquiera en las consecuencias en sus vidas personales. Como carecen de vida propia, los Trabajo-Dependientes no pueden comprender este tipo de preocupaciones. Los Trabajo-Dependientes no delegan nunca su autoridad, porque perciben esta delegación como una pérdida de control. En última instancia, el comportamiento exigente y dominante de los Trabajo-Dependientes termina por alejar a las personas motivadas y competentes, creando una tensión innecesaria en el lugar de trabajo, que termina por afectar a la vida personal de sus subordinados.

Como compañeros, los Trabajo-Dependientes están concentrados en sus propios intereses cuando deberían trabajar en equipo. Valoran siempre sus propias capacidades intelectuales y lógicas como superiores a las de sus compañeros. Los Trabajo-Dependientes reaccionan con fuerza ante la «injusticia» de que uno de sus compañeros pueda trabajar más eficazmente dedicando menos horas, consiguiendo los mismos si no mejores resultados que ellos y ganando el mismo salario.

Como subordinados, los Trabajo-Dependientes tratan de acaparar poder estando siempre alerta a los detalles, mientras sacrifican su productividad concentrándose en cómo llegar a ser más eficientes, sin realmente conseguirlo. Los Trabajo-Dependientes sufren ante los plazos para finalizar una tarea porque están obsesionados con temas menores en detrimento de los aspectos relevantes de la tarea asignada.

El problema con los Trabajo-Dependientes no es sólo que equiparan el estar siempre ocupados con tener poder, sino que su obsesión con el trabajo limita el avance de sus compañeros. El Trabajo-Dependiente es como una constante jaqueca que te distrae cuando intentas realizar tu trabajo, y te persigue cuando estás intentando disfrutar de tu tiempo libre lejos del trabajo. Pero existen formas de hacer desaparecer el dolor de cabeza y también de llevarse bien con los Trabajo-Dependientes.

Si trabajas para un Trabajo-Dependiente:

- *Pon límites a tu dedicación.* Los jefes del tipo Trabajo-Dependientes piensan que pueden disponer de tu tiempo sin ninguna restricción. Si estás a la entera disposición de tu jefe Trabajo-Dependiente, los resultados de tu propio trabajo se acabarán resintiendo porque un jefe Trabajo-Dependiente absorbe buena parte de tu tiempo productivo. Por añadidura, soportarás innecesarias presiones en tu vida privada porque las continuas exigencias de tu jefe Trabajo-Dependiente acaban minando tus energías y emociones. Deja claro a tu jefe Trabajo-Dependiente cuándo estás y cuándo no estás disponible para atender a sus requerimientos. De esa forma evitarás distracciones en tus obligaciones y alejarás injerencias injustificadas en tu vida privada.

- *Pon por escrito las cosas importantes.* Normalmente las personas Trabajo-Dependientes están mental y físicamente agotadas, lo que las hace desmemoriadas. Poner por escrito cuestiones como decisiones adoptadas, planes y actividades es una manera efectiva de recordar al jefe Trabajo-Dependiente aquello que ha aprobado. Hacer un informe escrito sobre lo que estás trabajando te ayudará también a satisfacer la necesidad de controlar de tu jefe Trabajo-Dependiente.

- **No *permitas que su estrés se convierta en tu problema*.** Los Trabajo-Dependientes están permanentemente estresados por su forma de comportarse y por su propia personalidad. Su estrés les produce irritabilidad, estados de ánimo variables y tendencia al estallido. Debes recordar que este no es un problema causado por el trabajo sino que es una manifestación de desasosiego interno de la persona Trabajo-Dependiente. Piensa en lo que tienes que hacer para mantenerte fuera del punto de mira del jefe Trabajo-Dependiente, pero no esperes que deje de observarte completamente. Si cumples con tus responsabilidades no tienes ninguna razón para compartir el inagotable e insensato estrés personal de tu jefe.

- ***Cumple tus plazos.*** Los Trabajo-Dependientes viven obsesionados con los plazos. Cuando no se cumple un plazo, un jefe Trabajo-Dependiente se sentirá personalmente responsable, independientemente de la razón de ese incumplimiento. Como método para controlar ese temor por los plazos, los Trabajo-Dependientes se dedican a improductivas reflexiones sobre cómo piensan que deben manejarse los proyectos. Esto impide a los Trabajo-Dependientes proporcionar el tipo de supervisión que realmente te ayudaría a avanzar en tus tareas. Aunque tu jefe Trabajo-Dependiente dude entre varias direcciones a seguir, tú debes de tomar la iniciativa y mantener el avance del proyecto según la programación.

Si tienes un compañero que es un Trabajo-Dependiente:

- ***Concéntrate en el avance no en el proceso.*** Los Trabajo-Dependientes están obsesionados con las reuniones. Para ellos las reuniones son una parte del trabajo porque absorben parte del tiempo, y dado que ellos no tienen nunca demasiado trabajo, las reuniones tampoco serán nunca para ellos ni muy numerosas ni demasiado largas. Tus compañeros Trabajo-Dependientes utilizarán las reuniones para analizar hasta el absurdo cada pequeño detalle de cómo se deben hacer las cosas. A pesar de que ese tiempo se podría utilizar para hacer algo útil, recuerda que el objetivo en la vida de un Trabajo-Dependiente no es dar resultados, porque los resultados representan el final. Los Trabajo-Dependientes sólo desean seguir trabajando. Insiste en que se cumpla el objetivo de la reunión; una vez que se hayan discutido las opciones, sugiere una estrategia de acción. Si tu compañero Trabajo-Dependiente no tiene una sugerencia mejor pero se niega a aceptar la tuya, pon en marcha tu propuesta y despreocúpate de él.

- *Involúcralos exclusivamente en los temas que les afectan.* Aunque los Trabajo-Dependientes ven el poder como un fin en sí mismo, normalmente no se involucran en temas que no afecten a su propio interés. Invitarles a revisar o dar su opinión sobre tus propias tareas les lleva a involucrarse demasiado en tu trabajo. Y una vez que se han interesado por un tema es muy difícil conseguir que pierdan el interés por las actividades de sus compañeros. Así que si tus colegas Trabajo-Dependientes no están directamente relacionados con tu trabajo, no les pidas ayuda.

- *Marca límites razonables a tu disponibilidad.* Los Trabajo-Dependientes no acostumbran mirar el reloj. Piensan que todo el tiempo es tiempo de trabajo y que tu tiempo también está a su disposición. En lugar de que marquen la pauta con su trampa del tiempo, deja muy claro cuándo estás disponible, para que de esta manera el Trabajo-Dependiente se adapte a tu horario y no al revés. El hecho de que estés disponible cuando sea razonable y no lo estés cuando no lo sea puede llegar a frustrar a tus compañeros Trabajo-Dependientes en alguna ocasión, pero te permitirá disminuir radicalmente la desmotivación y la ansiedad que provoca un Trabajo-Dependiente cuando se apropia de tu tiempo.

Si diriges a un Trabajo Dependiente:

- *Marca sus prioridades.* Los Trabajo-Dependientes retrasan el final de asuntos importantes perdiendo el tiempo con tareas triviales. Si se les deja a su propio ritmo los Trabajo-Dependientes no completarán sus tareas nunca. Dirigir de una forma eficaz a un Trabajo-Dependiente exige que se le marquen las prioridades. Asegúrate de ponerlo por escrito cuando sea posible; si no es así los Trabajo-Dependientes retomarán poco a poco su hábito de perder el tiempo trabajando por trabajar.

- *Gratifica el resultado no el tiempo dedicado.* Los Trabajo-Dependientes están convencidos de que cuanto más tiempo dediquen a un proyecto mejor. Cuando no alcanzan sus objetivos, los Trabajo-Dependientes esperan recibir la misma compensación como si lo hubieran conseguido, porque piensan que hacer un trabajo es como mínimo tan importante como obtener el resultado, que en realidad era el verdadero objetivo de todo el esfuerzo.

A pesar de que la dedicación sincera de cualquiera es digna de alabanza, el esfuerzo innecesario dedicado a acciones sin importancia no lo es. Los Trabajo-Dependientes, igual que la mayoría de las personas, tienden a hacer aquello que les reportará más compensaciones. Si enfatizas y gratificas los resultados por encima del duro trabajo en sí mismo, los Trabajo-Dependientes se inclinarán con más probabilidad a dirigir sus esfuerzos de una manera productiva.

- *Controla sus avances.* Los Trabajo-Dependientes se desesperan con los plazos. Su miedo a no cumplir los plazos señalados contribuye precisamente a que no lleguen nunca, porque se dedican a hacer girar la rueda sobre trabajos sin importancia para evitar enfrentarse al plazo que expira. Debes controlar el avance de los Trabajo-Dependientes para cumplir los plazos concretados. Esto les mantendrá encarrilados y reducirá el sufrimiento creado por la presión de tener resultados en un tiempo señalado.

- *Cuando se acabe la jornada, envíalos a sus casas.* Los Trabajo-Dependientes permanecen en el trabajo incluso después de su horario, cuando ya han consumido toda su energía mental para pensar y trabajar de una forma efectiva. Cuando ya hayan realizado demasiadas horas la acción responsable es enviarlos a sus casas. Forzar a los Trabajo-Dependientes a que se tomen un descanso cuando sea necesario les ahorrará hacer trabajitos inútiles y te ahorrará tener que abordar las consecuencias de una dedicación sin energía y de un trabajo sin esmero.

Llevarse bien con una persona Trabajo-Dependiente requiere impedir que su ansia de poder enturbie tu actitud, desgaste tu entusiasmo o limite tu propio avance. Debes mantenerte firme ante las situaciones negativas creadas artificialmente por los Trabajo-Dependientes, y no dejar jamás que su propia obsesión por el trabajo impregne tu actividad o tu vida personal.

6

Los Calzonazos

«Responsabilidad-no-gracias»

Apáticos e indiferentes, los Calzonazos holgazanean durante todo el día, jugueteando con esto o aquello, pero sin centrarse casi nunca en sus obligaciones. Son tan pasivos en relación con su trabajo que si fueran policías se pasarían todo el santo día sentados en el coche patrulla comiendo galletas, esperando que los infractores se pusieran ellos mismos las multas.

Los Calzonazos suelen ser personas brillantes a las que sencillamente su trabajo no les motiva. Se les podría describir como aburridos más que como vagos. Son perezosos cuando se trata de hacer algo que no les interesa, pero no son irresponsables en el sentido estricto de la palabra. Los Calzonazos tienen un don especial para encontrar a alguien que cumpla con las funciones que a ellos no les interesan.

Suele tratarse de personas agradables, equilibradas y de trato fácil. Haciendo uso de esas habilidades sociales, los Calzonazos se las arreglan para no asumir las responsabilidades derivadas de incumplir sus obligaciones de una manera menos evidente que las personas que careciendo de su arte intentan evadir sus culpas excusándose en el descuido.

Los Calzonazos son una especie extraña en un mundo

en el que se valora a las personas con iniciativa, capaces de asumir diferentes responsabilidades en un entorno cambiante, como si fueran un oasis en el desierto del Gobi. Ellos son tranquilos, relajados y pausados. Resulta difícil no envidiar a los Calzonazos por su habilidad para no verse afectados por la compulsión neurótica de hacer siempre más, más rápido y más barato que la competencia.

Por otra parte, los Calzonazos suelen ser personas motivadas, competentes y responsables cuando se encuentran delante de un reto que potencie su imaginación.

Como jefes, los Calzonazos suelen tomar decisiones muy acertadas a la hora de formar su equipo. Se rodean de personas competentes y motivadas que requieren de poca dirección o apoyo para salir adelante. Así, los Calzonazos son capaces de delegar sus responsabilidades y su control sin miedo a que sus subordinados les decepcionen.

Como compañeros, los Calzonazos intentan por todos los medios conseguir la parte del proyecto que requiere el menor esfuerzo. Los Calzonazos tienen la capacidad de hacer ver que han contribuido mucho porque son tremendamente hábiles manipulando a sus compañeros como si fueran muñecos sin que ellos se percaten de lo que realmente pasa.

Como subordinados, los Calzonazos suelen tener más habilidad que iniciativa. Esta característica siempre acaba por generar conflictos personales con los compañeros más responsables que cumplen con sus propias obligaciones, al tiempo que apechugan con el ingrato peso de cargar con la mayor parte del trabajo de un Calzonazos. Sin embargo, si un proyecto les estimula los Calzonazos se convierten en colaboradores serios que se involucran y consiguen resultados encomiables.

El problema de llevarse bien con los Calzonazos estriba en que a pesar de que se comportan con ética en el trabajo, no están dispuestos a llevar a cabo las tareas prosaicas pero necesarias de sus responsabilidades. Esto crea animosidad entre ellos y los que acaban por asumir sus cargas, ya que invariablemente alguien debe realizar los trabajos rutinarios y repetitivos, alguien que por lo general ya ha cumplido de sobras con su propia responsabilidad. Por supuesto que un Calzonazos puede resultar tan poco productivo como un periquito trabajando como bestia de carga. Pero una vez que se consigue ponerlos en marcha, harán su trabajo.

Si trabajas para un Calzonazos:

- *No pidas permiso.* Los Calzonazos prefieren dirigir a personas con iniciativa y que trabajen sin excesivas directrices ni mucha supervisión. Sin embargo, esta libertad no te autoriza a actuar de una manera imprudente o insensata. Si tienes dudas serias sobre una tarea, pregunta. Pero no te acostumbres a contar con la dirección de un Calzonazos. Aunque ellos no desean tu fracaso y te darán consejos útiles, si solicitas instrucciones con excesiva frecuencia los jefes Calzonazos lo percibirán como una muestra de que no estás preparado para tu trabajo y de que no eres el tipo de persona autónoma que quieren a su lado.

- *Informa con frecuencia pero no cada día.* Los jefes Calzonazos quieren estar bien informados de la marcha de sus subordinados, pero no desean que se les moleste con informes diarios sobre progresos rutinarios. Para ellos es suficiente estar al corriente de los avances realizados para conseguir un determinado objetivo. Cuando reciben excesivos informes, los jefes Calzonazos pueden llegar a la conclusión de que no cuentan con las personas adecuadas, porque quieren evitar a toda costa tener que supervisar de una manera activa los proyectos. A pesar de esto, no dudes en informar de la aparición de cualquier dificultad inesperada. Los jefes Calzonazos dependen de que otros hagan el trabajo, y se molestan cuando se les oculta algún problema serio.

• *Soluciona los problemas tú mismo.* Una de las actividades que normalmente ocupa más tiempo y que más suele molestar a cualquier jefe es la solución de los problemas que un subordinado preparado y responsable debería ser capaz de resolver él solo. Esto es especialmente cierto con los jefes Calzonazos. Por su falta de interés por los pequeños asuntos, los jefes Calzonazos se encuentran especialmente incómodos si tienen que ocuparse ellos mismos de temas que sus subordinados son capaces de llevar adelante. Debes recurrir a tu jefe Calzonazos únicamente cuando un problema se encuentra totalmente fuera de tus atribuciones.

• *Descárgales de trabajo.* Los jefes Calzonazos estarán muy satisfechos con aquellos subordinados dispuestos a realizar trabajos que ellos mismos, como jefes, deberían hacer, porque su primer objetivo en la oficina es evitar al máximo trabajar. Si te involucras en la labor de tu jefe Calzonazos, podrás ampliar tu preparación y tus posibilidades de ascender. Si te muestras dispuesto a hacer parte de las responsabilidades que corresponde a tu jefe Calzonazos, asegúrate primero de que serás capaz de llevar adelante aquello para lo que te prestas voluntario y de cumplir al mismo tiempo con tus propias obligaciones.

Si tienes un compañero que es un Calzonazos:

- *No le permitas que te cargue con su trabajo.* Los Calzonazos son extraordinariamente persistentes en la búsqueda de personas que hagan aquello que a ellos les aburre. No te conviertas en una de esas personas. No debes sentir ningún tipo de obligación ni por amistad ni por sentido del deber que te lleve a trabajar el doble para que el Calzonazos no haga nada. Recuerda que la colaboración significa que todos se involucran en un esfuerzo colectivo.

- *Sé franco.* Si su tendencia a escabullir el bulto se convierte en un obstáculo para tu propia actividad, déjaselo claro. Normalmente, tu advertencia bastará para que cualquier Calzonazos reaccione, porque tienden a pensar que los demás asumirán su parte de la labor sin protestar. Si aun así no fuera suficiente, al menos sabrán que eres consciente de la situación.

- *Sigue tu propio camino.* Refunfuñar o quejarte de la ineficacia de un Calzonazos no mejorará el problema, pero perjudicará tu estado de ánimo. El mejor remedio para tratar de evitar las molestias provocadas por un Calzonazos es centrarte en tu trabajo y dejar que sean tus jefes quienes se ocupen de mejorar su rendimiento.

Si diriges a un Calzonazos:

- *Distingue entre capacidad y motivación.* Los Calzonazos suelen ser más hábiles que voluntariosos. Si les pides algo que realmente quieren hacer, los Calzonazos se convierten en buenos colaboradores. Teniendo esto en cuenta, debes condicionar la asignación de tareas que les motive a su predisposición para desempeñar también las partes rutinarias del trabajo.

- *Mantenlos en el punto de mira.* Los Calzonazos trabajan siempre de una forma más responsable si son controlados. Ellos confían en poder pasar sutilmente sus obligaciones a los demás, y esto resultará más difícil si hay gente que puede observar lo que están haciendo. Cuando sea posible, evita que un Calzonazos se adjudique una función o un puesto en el que trabaje independientemente y fuera de la presión que representa el escrutinio de sus compañeros.

- *Pide a tu equipo que no haga el trabajo de un Calzonazos.* Una de las razones por las que algunos están dispuestos a hacer el trabajo que le tocaría a un Calzonazos es la idea errónea de que el trabajo en equipo suprime la responsabilidad individual y el convencimiento de que esa forma desequilibrada de trabajo en equipo será recompensada. Deja claro a todo tu equipo que cada uno es responsable de su propio trabajo, que nadie está obligado a asumir el de otros y que no recibirán ninguna gratificación si lo hacen.

- *Promociónalos según su capacidad.* Con frecuencia los Calzonazos se ahorran esfuerzos porque sienten que su dedicación total no es necesaria, ya que sus responsabilidades se encuentran por debajo de su potencial. Cuando te sea posible, la mejor manera de combatir la falta de motivación de un Calzonazos es asignarle un trabajo que requiera de toda su preparación y le vacune contra el aburrimiento.

Los Calzonazos

Llevarse bien con un Calzonazos resultará más fácil una vez que aceptemos que alguien que se aburre en su trabajo no es ni un vago, ni necesariamente un incompetente. La mayor parte de los Calzonazos son triunfadores en potencia, pero no encuentran ni la motivación ni el desafío en aquello que hacen, o al menos deberían hacer. Y la mejor forma de tratarlos es mantener su interés con responsabilidades que tengan sentido y capacidad de motivarlos.

7

Los Guardianes del Deber

«Policías del sistema»

Cautos y vigilantes, los Guardianes del Deber son los reyes oficiosos de las normativas del sistema. Están tan obsesionados con los procedimientos independientemente de su fundamento que aunque un Guardián del Deber fuera la última persona sobre la tierra, se pararía en todas las señales de stop.

Los Guardianes del Deber son personas lentas, carentes de originalidad e insistentes. Son seguidores formales de las normas que, al igual que devotos miembros de una secta ortodoxa, se guían exclusivamente por la letra de la ley. De hecho, la simple posibilidad de tomar una decisión basada en el espíritu y no sólo en la letra de una ley es tan extraña para ellos que escogerán el camino de los precisos tecnicismos aunque sea en su propio perjuicio. Esto se debe a que los Guardianes del Deber tienen escaso poder personal, y obtienen el poco que realmente ostentan de las reglas algorítmicas establecidas por otros. Así, los Guardianes del Deber se hacen la ilusión de ejercer el poder, pero en realidad tienen muy poca capacidad o deseo auténtico de tomar decisiones o de utilizar su propio criterio, lo cual es en definitiva la esencia verdadera del poder.

Los Guardianes del Deber se parecen a robots de juguete que sólo caminan hacia delante cuando se les conecta. Cuando aparece un obstáculo el robot de juguete, incapaz de girar o ir hacia atrás, seguirá moviendo sus patas en un vano intento de seguir avanzando. De igual manera, cuando un Guardián del Deber se pone en acción, le falta la capacidad para tomar decisiones y corregir su rumbo, incluso si éste no le lleva a ninguna parte o es pernicioso. Los Guardianes del Deber son alérgicos al riesgo y tienen tendencia a resultar sombríos y formalistas en el desarrollo de sus funciones. La simple idea de salirse de la seguridad que otorgan las normas detalladas y los procedimientos les produce un ataque de nervios. Esto se debe a su incapacidad para trabajar en circunstancias que requieran espontaneidad e improvisación. En otras palabras, los Guardianes del Deber no soportan salirse de la raya marcada.

Los Guardianes del Deber resultan tipos extraños en un mundo en el que la capacidad de pensar con claridad, la voluntad de tomar decisiones y la apertura de miras son imprescindibles para adaptarse al cambio permanente. Ellos por el contrario son obstruccionistas, de mentalidad cerrada y confusos en sus razonamientos.

Sin embargo, los Guardianes del Deber son también cuidadosos, precisos, estables y generalmente dignos de confianza. En ocasiones impiden que sus compañeros tomen decisiones precipitadas. Y lo que es más importante, si se solicita su colaboración de una manera adecuada, pueden ser realmente muy útiles para la tramitación de los pasos necesarios en el desarrollo eficaz de tu trabajo.

Como jefes, los Guardianes del Deber se limitan a seguir el manual. Aunque se encuentren en una posición de autoridad, no son en realidad líderes sino seguidores; adeptos de las normas como si éstas existieran de una manera espontánea. Los librepensadores suelen considerar las reglas como parámetros dentro de los que uno puede actuar. Los Guardianes del Deber conciben las normas como la actuación misma y las cumplen de una manera compulsiva. Por este motivo, los Guardianes del Deber no delegan los detalles y mantienen un control estricto sobre las actividades de sus colaboradores.

Como compañeros, los Guardianes del Deber, al carecer de autoridad sobre los demás, ejercen el poder a través de la fuente más preciada para ellos: la devoción exasperante a las normativas y a los reglamentos. En la escuela, ellos eran los niños que el viernes a la tarde y justo antes del final de las clases decían: «Profesor, se olvida de los deberes». Los Guardianes del Deber realmente no ayudan a avanzar en el trabajo sino que producen más del que realmente existe.

Como subordinados, los Guardianes del Deber están paralizados por el miedo a cometer errores. Prestan una enorme atención a los detalles y son tremendamente ordenados. No aprecian la libertad y se encuentran más cómodos en destinos con una supervisión estricta. En ocasiones, algunos subordinados necesitan una vigilancia especial porque tienen tendencia a hacer las cosas a su manera. Los Guardianes del Deber provocan el problema contrario; como son incapaces o no quieren tomar decisiones por ellos mismos, te perseguirán para obtener instrucciones sobre el más mínimo detalle de su trabajo.

El problema de tratar con los Guardianes del Deber no es tanto que se limitan a seguir las normas, sino que disfrutan provocando cuellos de botella innecesarios y buscando pequeñas excusas para entorpecer todo lo que requiera una decisión independiente. Por supuesto, trabajar con un Guardián del Deber puede resultar tan difícil como conseguir que te perdonen una multa de tráfico. Pero se puede conseguir, aunque no sin esfuerzo e ingenio.

Si trabajas para un Guardián del Deber:

- *Haz que las reglas se adapten a la situación.* Los Guardianes del Deber intentarán siempre que todas las situaciones se adapten a las normas. Creen que su sistema de resolver los problemas es lógico, pero no lo es. Las normas establecidas se basan en la especulación sobre las posibles situaciones que pueden presentarse en el futuro y en las hipótesis sobre las consecuencias que se pueden derivar de ellas. Este tipo de cosas no puede predecirse con total exactitud. Por tal motivo, las normativas se deben poder cambiar. Tus circunstancias, lo que te ocurre en cada momento, no se puede alterar y debe solventarse tal y como se presenta. Para que las reglas sean eficaces, deben permitir la toma de decisiones en situaciones no previstas con anterioridad. Si te resulta posible debes intentar convencer a tu jefe Guardián del Deber de que las normativas proporcionan un marco en el cual poder trabajar, y que las reglas deben ser lo suficientemente amplias para que se puedan aplicar en una determinada situación no prevista con anterioridad.

- *Pasa por encima de un Guardián del Deber inflexible.* Los jefes Guardianes del Deber anulan a los individuos competentes, por lo que éstos acaban por desmotivarse a la hora de producir resultados o incluso de aceptar una responsabilidad determinada. Si no puedes convencer a tu jefe Guardián del Deber de que es necesario poner el espíritu de las normas por delante de su redacción, deberás tener en cuenta la posibilidad de saltártelo o al menos de evitarlo mientras desarrollas tu proyecto. En cualquiera de los dos casos hay un riesgo. Tu jefe no estará precisamente contento contigo, pero intentar complacerlo siempre representa también un riesgo. Si tu único objetivo es aplacar a tu jefe Guardián del Deber, carecerás de la autoridad para hacer todo lo necesario para cumplir con tu obligación y, por lo tanto, no serás capaz jamás de desempeñar tu trabajo al máximo de tus capacidades.

- *Haz todo lo que puedas por resultar amable.* Siendo como son sombríos y formales tanto en sus vidas profesionales como particulares, los Guardianes del Deber tienen tendencia a carecer de habilidades sociales y a sentirse incómodos en situaciones públicas. Como consecuencia suelen tener muy pocos amigos, pero buscan la amistad desesperadamente. Si haces todo lo posible por mostrarte cortés y simpático con tu jefe Guardián del Deber, responderás en parte a su necesidad de amistad, y en compensación él quizá sea más flexible en la aplicación de las normas, acelerará tus peticiones y te permitirá desempeñar mejor tus responsabilidades.

Si tienes un compañero que es un Guardián del Deber:

- *No le permitas que ejerza su influencia sobre ti.* Los Guardianes del Deber tienen una resistencia tenaz al pensamiento independiente y un gran temor a la toma de decisiones, e intentarán imponer esas mismas limitaciones a sus compañeros. Si permites que su ansiedad te afecte a la hora de tomar decisiones, les otorgarás la capacidad de limitar tu eficacia. Normalmente el mejor método para evitar este problema es ignorar los intentos de los Guardianes del Deber para obstaculizar tu éxito, y hacer tu trabajo sin buscar su aprobación.

- *No ratifiques sus juicios morales.* Los Guardianes del Deber tienen una forma monolítica, en blanco y negro, de ver las cosas. Para ellos no existen los matices, y por supuesto no consideran la posibilidad de buscar opciones aceptables entre ambos extremos. Y no sólo aplican esta visión a sus propias vidas sino que suelen emitir juicios con facilidad sobre aquellos que piensan y actúan de manera diferente a la suya, incluso en temas no relacionados con la moral. Sin embargo y debido a que el mundo es complejo y los acontecimientos cambiantes, en general todas las opciones más aceptables suelen encontrarse en esa zona de matices. Además las alternativas aconsejables dependen normalmente de las preferencias personales, y no existe un único y exclusivo modo de llevar a cabo una tarea. Los Guardianes del Deber emitirán juicios morales sobre ti de todas maneras, así que es mejor que te concentres en realizar tu trabajo lo mejor que sepas y tomes tus decisiones según tu correcto parecer, sin tener en cuenta el rigor de los Guardianes del Deber.

Si diriges a un Guardián del Deber:

- *Hazlos personalmente responsables.* Los Guardianes del Deber utilizarán las normas y reglas para desentenderse de sus responsabilidades personales. Cuando sus acciones provocan resultados no deseados, los Guardianes del Deber se apresurarán a señalar que estaban haciendo lo que se les había dicho. Sin embargo debes recordar que ellos no están siguiendo exclusivamente las normas, sino sólo su propia lectura de las mismas. Cada persona puede interpretar las mismas reglas de maneras diferentes, y pensar que su forma de entenderlas es la correcta. Además, y a pesar de sus esfuerzos por evitarlo, los Guardianes del Deber también deben tomar decisiones. Hacer aquello que te dicen o lo que crees que te dicen es ya en sí una decisión. Cada decisión comporta sus consecuencias y no existe ninguna razón para que los Guardianes del Deber se libren de las responsabilidades de lo que hacen.

- *Oblígales a tomar la iniciativa.* El objetivo de delegar funciones es conseguir que otros te ayuden a desarrollar tu trabajo. Y para poder delegar debes poder confiar en que tus colaboradores tomarán la iniciativa para llevar a cabo sus tareas. Los Guardianes del Deber no asumirán esta teoría, porque su rechazo a tomar decisiones les lleva a reclamar tus instrucciones para cualquier detalle de su trabajo. Si consientes que tus subordinados Guardianes del Deber te interrumpan constantemente con su puntillismo y su necesidad de atención permanente, ni tú ni ellos seréis capaces de llevar a cabo bien vuestras responsabilidades. Los Guardianes del Deber tienen más capacidad que voluntad, y en ocasiones resulta mucho más práctico dejarles muy claro que deben apañarse ellos solos.

- *Evita que se conviertan en obstáculos para los demás.* Tus colaboradores tienen derecho a hacer su trabajo sin interferencias innecesarias por su parte. Si consientes que un Guardián del Deber acceda a una posición en la que pueda coartar la productividad de los demás, estás permitiendo que se convierta en un factor de interferencia totalmente innecesario. Aunque no puedas controlar cada acción de un Guardián del Deber que esté interfiriendo en el trabajo de los demás, no debes nunca ponerlo en un puesto en el que tenga la autoridad real para impedir que los demás compañeros desempeñen sus funciones correctamente.

Llevarte bien con los Guardianes del Deber exige que comprendas que las normas, políticas y procedimientos son sólo un marco para actuar y no un corsé que limita tu capacidad de actuación. Una vez que tengas esto claro, tienes muchas menos posibilidades de dejarte convencer por los Guardianes del Deber y su idea de que las normas son un fin en sí mismo. Debes también tener en cuenta que a pesar de todos tus esfuerzos, en algunas ocasiones los Guardianes del Deber serán capaces de impedir tu avance. No dejes que esto se convierta en una lucha de poderes. Si te concentras en tus propios objetivos te será mucho más fácil sortear a los Guardianes del Deber que se niegan a rendirse.

8

Los Busca Culpables

«*Justicieros*»

Mojigatos e inflexibles, los Busca Culpables son personas sigilosas y guardianes de la moral por decisión propia. Se preocupan de tal manera por encontrar los defectos de los demás que serían partidarios de colocar cámaras de televisión en cada casa para controlar que nadie esté haciendo nada malo.

Los Busca Culpables son tremendamente reservados, inflexibles y aduladores. Suelen ser interesados, hipócritas y se ofenden con facilidad. Los Busca Culpables tienden a juzgar a los demás con severidad pero hacen todo lo posible para evitar ser juzgados ellos mismos, como un reo que confiesa las culpas de otro para desviar la atención sobre las suyas.

Los Busca Culpables son más papistas que el Papa en lo tocante a los pensamientos y acciones que ellos consideran inaceptables. Distorsionan el significado de aquello con lo que no están de acuerdo y reaccionan de una manera exagerada ante los errores cometidos sin mala intención por sus compañeros de trabajo. Y por si esto no fuera suficiente, su tendencia a espiar por iniciativa propia y redactar informes clandestinos crea un ambiente de sospecha general y de desconfianza. Curiosamente, según la manera de pensar de los Busca Culpables, traicionar la confianza de sus compañeros no es una acción moralmente incorrecta. Esto explica que cuando se atrapa a un Busca Culpables con las manos en la masa, realizando actividades de espía y de entrometido, no se le caiga la cara de vergüenza. Simplemente niega haber hecho nada malo y no tiene el menor problema de conciencia.

Los Busca Culpables son personajes extraños en un mundo en el que la manera más efectiva de mantener buenas relaciones con los compañeros es ocuparse cada uno de sus propios asuntos. Ellos consideran, por el contrario que es su obligación comunicar a sus jefes el menor desliz cometido por cualquiera de sus compañeros.

A pesar de todo, los Busca Culpables suelen ser respetuosos con la autoridad y muy dedicados a su trabajo y pueden resultar muy eficientes si se les coloca en puestos en los que se les pueda supervisar y en los que se requiera poca interacción con sus compañeros.

Los jefes del tipo Busca Culpables son rígidos, autoritarios y están siempre atentos a cualquier detalle fuera de lo normal. Tienen aversión al riesgo y pánico a cometer el más mínimo error, porque interpretan los errores como una muestra de un carácter corrupto y sin ética en lugar de un hecho inevitable del que nadie puede escapar. Resultan también personas frías y sin sentido del humor y sólo actúan de manera compasiva con los individuos que piensan y actúan como ellos.

Como compañeros, los Busca Culpables tienden a desviar la atención sobre sus propios defectos delatando a sus colegas, lo que termina por crear un ambiente de permanente sospecha y por generar tal desconfianza que hace que todo adopten una política de C.L.E. (cúbrete las espaldas) Cualquiera de estos rasgos, independiente de los demás, ya de por sí dificulta tus posibilidades de tener una relación productiva con los Busca Culpables. Pero ligados unos con otros, esta cadena de comportamientos perturbadores se convierte en una fuerza que dificulta tu relación con ellos.

Los Busca Culpables

Como subordinados, los Busca Culpables son personas inquietas que se sienten amenazadas por cualquier cambio y que tienen envidia de la consideración que reciben sus compañeros. Se adjudican la responsabilidad de ser los ojos y los oídos del jefe. Y a pesar de que ellos consideran que este tipo de comportamiento es correcto, los efectos de sus denuncias de compañeros «pecadores» son, en el mejor de los casos, molestos y, en el peor, destructivos.

La dificultad de llevarse bien con los Busca Culpables radica no sólo en su falta de seguridad en sí mismos y en su necesidad de reafirmación constante delante sus jefes, sino en que si no se les controla, son capaces de transformar un ambiente aceptable de trabajo en uno contaminado por pequeñas disputas, sospechas permanentes, desconfianza cínica y tensiones totalmente innecesarias. Sin embargo, los Busca Culpables son como hormigas en un picnic, una molestia más que una auténtica plaga, si se sabe cómo tratarlos.

Si trabajas para un Busca Culpables:

- *Niégate a ser un espía.* Los jefes Busca Culpables intentan que sus subordinados actúen como espías de sus compañeros y les informen de cualquier pequeña falta detectada en secreto. A pesar de que esta actividad pueda resultar grata a los ojos de tu jefe, es seguro que te acarreará la desconfianza de los demás. La primera vez que denuncies a un compañero ante un jefe Busca Culpables te convertirás en una posible fuente de información confidencial que tu jefe intentará explotar en el futuro. Antes que espiar a tus compañeros, ocúpate de tus cosas de tal manera que no tengas tiempo para observar lo que los demás puedan estar haciendo mal.

- *Sé discreto.* Cualquier cosa que le digas a un jefe Busca Culpables puede ser utilizada en tu contra y probablemente en contra de tus compañeros. Con un jefe Busca Culpables es mejor limitar la comunicación exclusivamente a cosas del trabajo, y concretamente a los temas que sea estrictamente necesario tratar. A pesar de que te resultará imposible negarte a comunicarte con tu jefe y al mismo tiempo conservar tu puesto de trabajo, cuanta más información innecesaria e inapropiada ofrezcas voluntariamente a tu jefe, más fácil será para él utilizar lo que digas de un modo que afecte negativamente a tus relaciones con tus compañeros.

- *No te obsesiones.* Los Busca Culpables suelen ser malos jefes porque son incapaces de desarrollar su papel como policía moral y al mismo tiempo dirigir su departamento. Tampoco pueden conservar a su lado a los buenos trabajadores. Sin embargo, si eres capaz de aguantar a un jefe Busca Culpables durante un plazo corto de tiempo, no tendrás que obsesionarte con tenerlo como jefe a la larga. Los jefes Busca Culpables no son una especie en peligro de extinción, pero es raro que permanezcan en puestos de responsabilidad durante un plazo largo de tiempo.

Si tienes un compañero que es un Busca Culpables:

- *Muestra cierta resistencia.* Si un Busca Culpables te está perjudicando, la confrontación directa con él puede solventar la situación en algunas ocasiones, porque son como ratas que actúan mejor en la oscuridad. Dejarles claro que eres consciente de lo que traman y que no estás dispuesto a tolerarlo puede representar un golpe directo a su falso sentimiento de poder. Si consideras que un enfrentamiento directo puede empeorar las cosas, siempre puedes hablar con tu jefe. Sin embargo, además del hecho de que no siempre puedes contar con que tu jefe intervendrá a tu favor, recurrir a él para solventar asuntos sin importancia daña una relación sana de trabajo. Lo que tienes que hacer es tolerar estas situaciones lo mejor que puedas dadas las circunstancias. Este consejo no resultará siempre lógico del todo, y puede ser frustrante.

- *Evita la revancha.* Si estás sufriendo las acciones de un Busca Culpables, recuerda que dejarse llevar por una dinámica de buscar errores en los otros sólo empeora las cosas. «Nunca pelees en el lodo con un cerdo; os mancharéis los dos, pero él disfrutará...»

Si diriges a un Busca Culpables:

- *No te sorprendas si te acusan.* La posibilidad de ser acusado de algo es simplemente parte de la vida de un jefe. La mayoría de los jefes que reciban esas acusaciones no las tendrán en cuenta y buscarán un camino para hacer entender al Busca Culpables que su comportamiento es inapropiado e inaceptable. Sin embargo, cuando tengas constancia de que un subordinado Busca Culpables está actuando a tus espaldas, no permitas que continúe haciéndolo con impunidad. Asegúrate también de tener una relación de confianza con tu jefe antes de que un empleado Busca Culpables pueda poner tu reputación en entredicho.

- *No fomentes la propagación de habladurías.* Escuchar los cuentos de un Busca Culpables acaba por reforzar su comportamiento, lo que aumenta las posibilidades de que vuelva con más chismes. Una fórmula útil para un jefe en esta situación es decir algo como: «No quiero escuchar nada sobre los problemas de Pepe (o de quien sea) en este momento; hablemos de ti; ¿cómo progresas con tu trabajo?».

- *Ataja el problema con rapidez.* Si tienes que encarar a un Busca Culpables que está creando problemas, reacciona con rapidez. Cuanto más tiempo te demores en tomar alguna decisión, más grave será el problema. Debes tener en cuenta que las personas que disponen de tiempo suficiente para espiar a sus compañeros, una de dos: o no le dedican suficiente atención a su propio trabajo o no tienen suficiente trabajo para estar ocupadas del todo.

- *Sé discreto.* No reacciones de una manera exagerada ante lo que te pueda explicar de otros un Busca Culpables. Un detective podría sentir curiosidad ante los soplos de un Busca Culpables, pero contar con informadores en el lugar de trabajo es un auténtico problema que se puede agravar si reaccionas de una forma extrema ante lo que te hayan contado. Sin embargo, en el caso de que un Busca Culpables te explique algo que pueda requerir de tu intervención, analiza el tema independientemente. No asumas que el Busca Culpables te está diciendo toda la verdad sobre lo que afirma saber acerca del comportamiento de sus compañeros.

Llevarse bien con los Busca Culpables exige orientarlos hacia los temas que realmente les afectan. Anímalos a dedicar su tiempo a trabajar en lugar de a espiar, ya que cuanto más tiempo dediquen a sus obligaciones, más efectivos resultarán en sus atribuciones. Y cuando las personas realizan su trabajo con eficacia no tienen tiempo para buscar los fallos de sus compañeros.

9

Los Pulgas Saltarinas

«Buscadores de emociones»

Teatrales y dispersos, los Pulgas Saltarinas se mueven por una necesidad incontrolable y permanente de probar siempre algo nuevo y excitante. En este sentido son tan impulsivos que siguen las modas del momento igual que los hipnotizados niños de Hamelín marchando tras las notas de la flauta mágica.

Los Pulgas Saltarinas suelen pensar y actuar caprichosamente y se ven atraídos por actividades que les parecen estimulantes y excitantes aunque carezcan de un sentido práctico. Son olvidadizos y tienen una capacidad muy limitada de focalizar su atención, por lo que les cuesta mucho concentrarse. Son excitables, habladores y previsiblemente imprevisibles.

Los Pulgas Saltarinas sienten una profunda necesidad de ser el centro de atención, lo que les lleva a interferir en las conversaciones de los demás y a combinar la broma con la agresión directa simplemente para llamar la atención. Se expresan de una manera teatral y brillante, y les gusta hacer ver que sus ideas y opiniones son más importantes de lo que en realidad son, y salpican sus intervenciones con comentarios seudopsicológicos. Se sienten frustrados fácilmente cuando sus planteamientos son cuestionados, lo que pone en evidencia su falta de sensibilidad social. Y cuando los Pulgas Saltarinas se enfrentan a una situación tensa, su humor inestable se hunde a medida que la presión sobre ellos aumenta.

Los Pulgas Saltarinas son tipos extraños en un mundo en el que se valora sobremanera el ser autónomo, persistente en la consecución de objetivos, preciso y puntual. Los Pulgas Saltarinas, por el contrario, necesitan de una supervisión permanente, no se encuentran cómodos realizando actividades dirigidas hacia un objetivo concreto, no prestan atención a los detalles importantes y no finalizan sus cometidos a tiempo.

Sin embargo, los Pulgas Saltarinas se desenvolverán correctamente en ambientes estructurados que generen pocas distracciones. Piensan de una manera discordante, un rasgo que acentúa su naturaleza creativa. También son personas con buenas intenciones que no suelen hacer daño a los demás a propósito.

Como jefes, los Pulgas Saltarinas son desorganizados y planificadores desastrosos. Suelen disponer de los recursos a su disposición por encima de sus capacidades reales aceptando más proyectos de los que ellos pueden realmente dirigir o sus subordinados pueden asumir. Normalmente sólo realizarán un seguimiento de los resultados de sus subordinados de una manera esporádica, debido a que dedican una gran parte de su tiempo y de su esfuerzo a actividades que les resultan entretenidas y estimulantes pero que son dispersas. Los Pulgas Saltarinas se ponen serios e impacientes cuando quieren que se haga algo, aunque con frecuencia olvidan lo que han pedido incluso antes de que se haya podido realizar.

Como compañeros, las Pulgas Saltarinas son románticos que esperan que los demás les salven cuando ellos mismos se ven superados. Normalmente interrumpen el trabajo de sus compañeros y hablan cuando no les toca. No les gusta explicar sus propios problemas y se pueden poner agresivos por razones poco lógicas. A pesar de todo, los

Pulgas Saltarinas se avergüenzan con facilidad y piden disculpas si se les hace ver que su comportamiento está fuera de lugar. Son capaces de traicionar a un compañero para obtener un beneficio, lo que hace difícil mantener relaciones positivas con ellos a largo plazo.

Como subordinados, los Pulgas Saltarinas son personas alegres y entretenidas, aunque carecen de suficiente disciplina para trabajar de manera independiente. Generalmente se sienten confusos y es necesario repetirles las instrucciones varias veces. Tienen conocimientos superficiales sobre muchos temas pero dominio real sobre muy pocos. A pesar de todo, son más competentes de lo que pueda indicar su rendimiento. Los Pulgas Saltarinas son demasiado distraídos y descuidados para desarrollar su potencial con inteligencia. Los Pulgas Saltarinas no son típicos subordinados capaces de resolver los problemas solos, pero poseen una poderosa imaginación y con frecuencia ofrecen aportaciones innovadoras dignas de tenerse en cuenta. Son individuos gregarios que trabajan mejor en ambientes grupales.

El problema para llevarse bien con los Pulgas Saltarinas no es su tendencia a coquetear con ideas contrapuestas o a involucrarse en actividades excitantes, sino su necesidad de constante estimulación, lo que les impide concentrarse debidamente en las responsabilidades básicas de sus trabajos. De hecho, trabajar con un Pulga Saltarina puede resultar tan exasperante como intentar enseñar matemáticas a un niño dentro de una tienda de juguetes. Pero una vez que han comprendido que cumplir con las responsabilidades básicas de sus empleos tiene un valor más duradero que experimentar las últimas tendencias, los Pulgas Saltarinas pasan a ser más productivos.

Si trabajas para un Pulga Saltarina:

- *Llena las lagunas de su visión directiva.* Los jefes Pulgas Saltarinas carecen de una visión directiva porque no ven más allá de lo evidente. Toma la iniciativa y propón soluciones para los problemas que se escapen a su capacidad de dirección o que superen su limitado radio de percepción. Esto servirá no sólo para compensar la falta de capacidad para dirigir de tu jefe, sino que te liberará de los catastróficos efectos de su incompetencia. Normalmente los jefes Pulgas Saltarinas no se resistirán ni se enfadarán, ni aún menos castigarán las sugerencias que puedan contribuir a solventar temas y problemas que se encuentran más allá de su competencia para dirigir de una manera eficaz.

- *Ayuda en las tareas de dirección.* Los jefes Pulgas Saltarinas suelen ser demasiado volátiles para desempeñar responsabilidades de dirección que exijan un cierto grado de concentración y previsión. En lugar de dejarte arrastrar por la triste evolución de los acontecimientos, preséntate como voluntario para ayudar a tu jefe a organizar y planificar los proyectos y las acciones. No te preocupes, valorarán tu colaboración. Además de ser un buen modo de ayudar a tu jefe Pulga Saltarina a hacer su trabajo, te coloca en una posición que te permitirá avisarle cuando tu departamento se encuentre al límite de su capacidad y no pueda asumir más responsabilidades. Y a ti te aportará una experiencia práctica de cara a asumir mayores retos en el futuro.

- *Sé diplomático.* Los jefes Pulgas Saltarinas tienen una constante necesidad de recibir estímulos y esto les lleva a convocar reuniones innecesarias, a involucrar a los demás en conversaciones sin verdadera importancia o a dar órdenes impulsivas faltas de lógica. Nada de esto lo hacen con mala intención. Sin embargo, todas estas iniciativas generan desorganización. Cuando ocurra esto, busca una salida diplomática para no participar en esa dinámica. Probablemente no podrás evitar todas las interferencias, pero si consigues librarte, aunque sólo sea de unas pocas, notarás un gran aumento en tu productividad.

- *Asiste a los actos sociales que organicen.* A los jefes Pulgas Saltarinas les gusta organizar actividades sociales. Esas convocatorias les dan la oportunidad de ser el centro de atención y de compartir su entusiasmo a la hora de divertirse. Aunque la asistencia a este tipo de encuentros no suele ser obligatoria, acudir a ellos te permitirá compensar de una forma espontánea la necesidad de atención de tu jefe y al mismo tiempo podrás conocer mejor a tus compañeros. Estos dos factores llevan normalmente a una mejora en las relaciones en el trabajo. Sin embargo, si no puedes o no quieres asistir a una de esas actividades, comunícaselo a tu jefe con antelación. No presentarte y no avisar puede ser interpretado como una afrenta que perjudicará tus relaciones con tu jefe y con tus compañeros.

Si tienes un compañero que es una Pulga Saltarina:

- *Enséñale a resolver los problemas.* Con frecuencia los Pulgas Saltarinas se encuentran con problemas que no están preparados para solucionar y buscan a un tercero para que se haga cargo de la situación en su lugar. Si el éxito de tus compañeros está ligado al tuyo propio, debes intentar evitar que fracasen. A pesar de que en ocasiones te resultará más sencillo solucionarle tú sus problemas antes que colaborar con ellos en su resolución, si te haces responsable de sus dificultades impedirás que desarrolle su capacidad para solucionar sus problemas en el futuro. Ofrecer consejos o enseñarle cómo hacer algo es siempre bueno, pero asegúrate de que no acabas haciendo tú el trabajo de los demás.

- *No toleres impertinencias.* Los Pulgas Saltarinas son capaces de crear muchas interrupciones en tu actividad laboral. Si un compañero Pulga Saltarina te está molestando sin necesidad alguna, dile que te deje en paz. No necesitas ser maleducado para ello. Simplemente déjale claro que no dispones de tiempo para interrupciones. Los Pulgas Saltarinas, que se avergüenzan con facilidad, entenderán tu sugerencia y te dejarán en paz. Si se ofenden, no te preocupes. Los Pulgas Saltarinas pueden parecer en ocasiones personas molestas pero suelen ser gente amable, y la gente amable no es ni rencorosa ni vengativa.

- *Disfruta de sus actuaciones.* Los Pulgas Saltarinas tienen una gran habilidad a la hora de hacer presentaciones muy teatrales en las que resaltan lo evidente con mucha gracia, aunque tenga poco contenido. En lugar de considerar estas situaciones como una interrupción molesta en tu apretada agenda, tómate unos minutos y disfruta del entretenimiento que supone la representación de un Pulga Saltarina mostrando en público su superficialidad. Es verdad que el trabajo en equipo es un asunto serio, pero no es necesario ser siempre severo con todos los asuntos que surgen en la dinámica del grupo. Si el asunto tratado es importante, puedes aportar una crítica positiva después de haber disfrutado de la actuación.

Si diriges a un Pulga Saltarina:

* *Forma y vuelve a formar.* Cada persona tiene su propio ritmo de aprendizaje, y tener la paciencia suficiente para adaptarte a cada individuo es una cualidad excelente a la hora de dirigir. Los Pulgas Saltarinas no son imposibles de formar, pero su incapacidad natural para concentrarse prolonga el tiempo que necesitan para aprender a desempeñar los aspectos más básicos de sus trabajos. Conseguir el mejor resultado de un Pulga Saltarina exige dedicación y más dedicación hasta lograr que alcance la destreza necesaria para hacer su trabajo. El mejor sistema para formar a un Pulga Saltarina es hacer el proceso de formación lo más intenso posible, completándolo con ejercicios prácticos controlados permanentemente y desarrollados en un ambiente con las mínimas distracciones. Y no dudes en volver a enviar a formarse a un Pulga Saltarina que presente un rendimiento bajo.

* *Organiza su entorno.* Los Pulgas Saltarinas rendirán más en un entorno laboral organizado en el que encuentren las mínimas posibilidades de vagabundear ya sea física o mentalmente. También trabajan mejor cuando tienen muy claro lo que se espera de ellos, saben cuándo deben completar su tarea, y que no pueden deambular a su antojo. Esto te exigirá una dedicación mayor de lo que consideras normal a la hora de dirigir a un subor-

dinado. Sin embargo, los directivos con éxito hacen lo que sea necesario para dirigir a todos sus subordinados con eficacia. De todas maneras, puedes ahorrar algo de tu propio tiempo poniendo a los Pulgas Saltarinas en grupos en los que sus compañeros colaboren a mantenerlos activos.

• *Exige atención a los detalles.* Los Pulgas Saltarinas son demasiado nerviosos para prestar ellos solos atención a los detalles, lo que acaba provocando malos resultados. Dirigir a un Pulga Saltarina exige que centres su atención en los detalles fundamentales de sus obligaciones. Como suelen ser olvidadizos, es una buena idea darles instrucciones por escrito o pedirles que tomen notas. Enseñar a un Pulga Saltarina a centrar su atención en los detalles es una buena manera de desarrollar su capacidad de concentración y la disciplina necesaria para conseguir que sea más autónomo.

• *Mantén tu mente abierta.* Los Pulgas Saltarinas son personas imaginativas y curiosas, lo que les lleva a traspasar las barreras cuando los demás se limitan a pensar de una forma convencional. También hacen uso de recursos teatrales para hacer públicas sus ideas. Pero si no te dejas impresionar por su teatro o confundir por la seudopsicología, los Pulgas Saltarinas pueden ofrecer aportaciones innovadoras sobre todos los temas y propuestas novedosas a los procedimientos que se siguen normalmente para hacer las cosas. Si quieres ser capaz de aprovechar las aportaciones de un Pulga Saltarina, tienes que estar dispuesto a mantener tu mente abierta.

Los Pulgas Saltarinas

Llevarse bien con los Pulgas Saltarinas conlleva ayudarles a ser conscientes de la satisfacción que reporta realizar el trabajo propio y desarrollar con éxito las propias obligaciones. También exige no dejarse manipular por su teatralidad. Y cuanto antes entiendan que la autodisciplina es más estimulante que el castigo, antes descubrirán la motivación que necesitan para satisfacer lo que se espera de ellos.

10

Los Víctimas Perennes

«Plañideras quejicas»

Quisquillosos y amargados, los Víctimas Perennes son personas quejicas cuyo rasgo más destacado es su incapacidad para afrontar la más pequeña adversidad. Se quejan de una manera permanente y serían capaces de poner el grito en el cielo ante la perspectiva de pagar impuestos sobre el premio gordo de la lotería que les hubiera tocado con una participación que les costó un euro.

Los Víctimas Perennes son personas nerviosas, impacientes e inestables emocionalmente. Son apocados hasta el punto de que no defienden sus propios derechos, pero protestan si los demás se aprovechan de ellos. Con frecuencia se sienten frustrados, echan la culpa de sus problemas a los demás, son intratables, y reaccionan como buitres ante la carne fresca cuando encuentran la excusa para quejarse de alguna cosa. También son personas pesimistas que se toman la vida de una manera fatalista, porque siempre esperan lo peor y nunca hacen nada para evitarlo. Los Víctimas Perennes están obsesionados con lo que les falta, en lugar de buscar las posibilidades que les ofrece lo que hacen, y esto les impide ver todo el abanico de oportunidades que se esconden detrás de las adversidades que a todos se nos presentan en la vida.

Los Víctimas Perennes suelen ser desconfiados, lo que

les impide mantener relaciones con los demás basadas en la confianza. Se ponen tremendamente nerviosos en situaciones en las que sienten que han abusado de ellos. Irónicamente, no prestan atención a los sentimientos de sus compañeros pero esperan ser aceptados por ellos. De todas maneras, sus quejas y lamentos permanentes, junto con sus comentarios sarcásticos, hacen muy difícil que los demás quieran relacionarse con ellos.

Los Víctimas Perennes suponen una paradoja en una época en la que las posibilidades para mejorar nuestro propio destino nunca han sido mayores, porque ellos, en lugar de hacer algo para mejorar una situación negativa, se adaptan a ella. Independientemente de los recursos de que dispongan para avanzar o de las oportunidades que se encuentren por el camino, los Víctimas Perennes siempre se sienten engañados. Y, aunque parezca extraño, disfrutan siendo las víctimas porque les encanta la atención que eso les depara.

Sin embargo, los Víctimas Perennes suelen ser personas disciplinadas, detallistas, organizadas y cumplidoras cuando se trata de desempeñar sus responsabilidades. Y curiosamente son muy capaces de dar buenos consejos a compañeros con problemas de trabajo.

Como jefes, los Víctimas Perennes son el tipo de jefe que provoca que odies ir a trabajar. Llegan cada mañana preocupados con un permanente presentimiento de que algo malo va a ocurrir. Y pueden desatar su hostilidad más rápido que un trueno. La buena noticia es que, salvo raras excepciones, sus quejas permanentes y su actitud fatalista les dejan fuera de los puestos de mando.

Como compañeros, los Víctimas Perennes son desagradables y difíciles de soportar. Tienen una tendencia a atribuir rápidamente las culpas de sus propios fallos a sus compañeros, a los que ven más como enemigos que como aliados. No se fían de las buenas intenciones de nadie, porque están convencidos de que los demás están en su contra.

Como subordinados, los Víctimas Perennes son personas difíciles de dirigir. Tienen una percepción muy equivocada sobre el valor que sus jefes atribuyen a escuchar quejas. Además son inflexibles y exigen la atención de sus compañeros. Tienden a hacer las cosas a su manera y suelen amenazar con la dimisión cuando no se salen con la suya o no logran atraer la atención de sus compañeros o de su jefe.

El auténtico problema para llevarse bien con los Víctimas Perennes no es sólo que están siempre quejándose y protestando por cualquier cosa, sino también que su permanente infelicidad no les permite afrontar sus problemas profesionales y aprovechar las oportunidades que se les presentan. En realidad, trabajar con un Víctima Perenne puede ser tan desesperante como intentar hablar en el momento en que el dentista te está sacando una muela sin anestesia. Ésta es una conclusión terrible, pero siempre se pueden encontrar maneras para mantener una cierta distancia con las personas que generan estrés.

Si trabajas para un Víctima Perenne:

- *Protégete con un paraguas emocional.* Los Víctimas Perennes no pueden dejar de lamentarse y refunfuñar. Desconocen otra forma de afrontar hasta los más pequeños inconvenientes. Debes ser consciente de que son así; es sólo una cuestión de tiempo. Así que cuando un jefe Víctima Perenne empiece a descargar su cólera sobre ti, deja que pase y echa la bronca en saco roto. Si dejas que sus críticas te lleguen al corazón, comenzarás a sentirte como una víctima sin solución. De hecho, es una buena táctica sonreír de vez en cuando y agradecer al jefe Víctima Perenne sus comentarios peyorativos. Esta actitud le confundirá porque espera de ti que te empequeñezcas. Cuando vea que sus críticas no te afectan en absoluto, el jefe Víctima Perenne buscará a otro compañero como objetivo, porque realmente disfrutan haciendo sentirse desgraciados a los demás.

- *Rechaza las críticas injustas.* Los Víctimas Perennes tienen comportamientos que exceden los límites y afectan a la dignidad de los demás. No tienes por qué tolerar este tipo de ataques por parte de tu jefe, y no deberías hacerlo. Además, enfrentarte con un jefe Víctima Perenne no es tan temible como pudiera parecer desde fuera. En realidad se permiten el lujo de hacer sus comentarios maleducados con aquellas personas que no son capaces de enfrentarse a ellos y exigir un trato respetuoso. Déjale claro a tu jefe que escucharás todo lo que tenga que decirte, pero en ningún caso tolerarás insultos personales. Te sorprenderás del cambio que esto provocará en vuestra relación.

- *Sé positivo y productivo.* Los jefes Víctimas Perennes tienen más formas para manifestar sus desgracias que Hacienda para cobrarte sus impuestos. Pero si haces tu trabajo bien y con alegría, no tienes ninguna razón para preocuparte de los problemas personales de tu jefe o de la evaluación que haga de tus resultados. Y lo que es más, si te muestras alegre y productivo, el jefe Víctima Perenne te dejará en paz, porque lo que realmente busca es compartir su desgracia, y es incapaz de relacionarse con personas felices. A pesar de que es una buena idea tratar con tu jefe asuntos relacionados con tu trabajo, siempre te resultará mejor buscar consejo en otra persona antes que en tu jefe Víctima Perenne. Esto no quiere decir que debas mentirle sobre tus problemas. Pero no deberías compartir con él aquellas dudas que quizás otra persona pueda ayudarte a resolver mejor.

Si tienes un compañero que es un Víctima Perenne:

- *Evita el chaparrón de quejas.* Los Víctimas Perennes disfrutan quejándose, y lo harán con cualquiera que esté dispuesto a escucharlos. Es cierto que no puedes evitar relacionarte con ellos, pero hay ocasiones en las que es recomendable hacerles ver que sus problemas personales no te interesan. Escuchar las lamentaciones de alguien no ayuda a solucionar nada. Tampoco a ti te ayudará a ser más productivo en tu trabajo. Y, sin embargo, te distraerá de tus propias obligaciones. Y si prestas demasiada atención a esas quejas, más tarde o más temprano, se agriará tu actitud hacia tus compañeros, tu trabajo, tu empresa y tu vida en general.

- *No seas un chivo expiatorio.* En un intento de evitar asumir sus responsabilidades, los Víctimas Perennes atribuirán las culpas de sus fallos a sus compañeros a la menor oportunidad que se les presente. Debes dejarles claro que no vas a aceptar la responsabilidad de sus actos. Esta postura no necesariamente debe desembocar en una discusión, pero debes ser muy firme en tu posición. Además, si los Víctimas Perennes son incapaces de encontrar un chivo expiatorio, empezarán a darse cuenta de que son ellos los que provocan muchos de los problemas a los que se enfrentan.

- *No tienen que gustarte.* A pesar de la opinión extendida en ciertos círculos, los compañeros de trabajo no necesitan ser amigos para tener una relación laboral aceptable. Es evidente, además, que una relación demasiado cercana con los compañeros puede suponer una pérdida de objetividad, que resulta necesaria en determinadas situaciones en las que la fría lógica debe imponerse sobre la relación afectiva. En cualquier caso no es ningún secreto que los Víctimas Perennes presentan problemas de personalidad que les dificultan desarrollar amistades en sus lugares de trabajo desde el principio. Sin embargo, es posible mantener relaciones provechosas con ellos. Haz lo posible por tratarlos como lo que en realidad son, factores importantes de tu propio éxito. Dedica tiempo a ayudarles en sus obligaciones. Pregúntales su opinión cuando necesites otro punto de vista. Invítalos a las actividades sociales relacionadas con el trabajo. Y agradéceles su colaboración siempre que te echen una mano.

Si diriges a un Víctima Perenne:

• *Ponlos junto a compañeros que sean positivos.* Las desgracias siempre buscan compañía, pero situados al lado de compañeros de carácter positivo, los Víctimas Perennes suelen adaptarse a las circunstancias favorables con tanta naturalidad como se adaptan a las malas. Recuerda que, como casi el todo el mundo, los Víctimas Perennes buscan que la gente los acepte. Lo que les falla es la habilidad para comportarse de tal manera que los demás los admitan. La presión del entorno tiene una gran influencia, por lo que debes utilizarla colocando a los Víctimas Perennes al lado de compañeros que sean positivos siempre que puedas. Esto no sólo contribuirá a cambiar su comportamiento sino que permitirá mejorar la forma en que ellos se ven a sí mismos y cómo perciben su vida.

- *No confundas actitud con aptitud.* Los Víctimas Perennes suelen ofrecer exteriormente su peor cara y su actitud más negativa. Y a pesar de que esto es desalentador y te puede llevar a pensar que son unos ineptos, en realidad los Víctimas Perennes tienden a ser competentes y a estar dispuestos a aprender cosas nuevas. Para poder conseguir el mejor rendimiento de un Víctima Perenne debes aprovechar al máximo sus capacidades. Dales responsabilidades significativas. Mantenlos ocupados. Compénsalos como es debido. Pero si la actitud de un Víctima Perenne se convierte en un obstáculo para su propia productividad o para la de sus compañeros, afronta la situación directamente. No dejes ningún margen si ves que la tendencia al sufrimiento de un Víctima Perenne empieza a contaminar también la actitud de los demás compañeros. Por otra parte, aprovecha las ocasiones en las que el Víctima Perenne no se esté quejando y manifiéstale que tú y los demás compañeros apreciáis su actitud positiva.

- *Redirige sus quejas.* Los Víctimas Perennes están siempre quejándose de esto o aquello, normalmente de cosas que carecen de auténtica importancia. En lugar de permitirles seguir con sus lamentaciones, lo que sólo conduce a percibir la situación peor de lo que es en realidad, redirige sus protestas preguntándoles qué es lo que para ellos va bien. Quizá veas que tienen problemas para explicarte experiencias positivas al principio, pues los Víctimas Perennes no se fijan en los aspectos positivos de la vida. Sin embargo, cuanto más insistas, más situaciones agradables encontrarán para contarte. Mientras se dedica a buscar experiencias favorables para compartir contigo, el Víctima Perenne empezará a ver lo bueno de cada situación.

• *Enséñales cómo comportarse ante la adversidad.* Una de las razones más importantes por las que los Víctimas Perennes no pueden ser felices es su incapacidad para reaccionar ante la adversidad. Una de las falacias que presiden la forma de pensar de los Víctimas Perennes es considerar que el destino les ha marcado y les ha cargado con una gran cantidad de dificultades. En realidad, todos nos tenemos que enfrentar a la adversidad, pero no todos elegimos aparecer como víctimas del destino en la vida. Para dirigir a los Víctimas Perennes de una forma efectiva, ayúdales a comprender que esperas que todos tus subordinados sean capaces de superar las dificultades que aparezcan en sus puestos de trabajo. Y aunque la formación es un método crucial para mostrar a los Víctimas Perennes cómo solucionar sus problemas, recuerda que es su actitud, no su aptitud, el factor que impide a los Víctimas Perennes superar sus obstáculos. Debes asegurarte también de que tus expectativas son razonables y prudentes. De esta manera evitarás que los Víctimas Perennes puedan pensar que son inalcanzables. Los Víctimas Perennes serán mucho más productivos si ven los incentivos que reporta afrontar los problemas en lugar de lamentarse de ellos.

Para llevarse bien con los Víctimas Perennes es necesario ayudarles a desarrollar una actitud positiva hacia sus compañeros y su trabajo. A pesar de que se resistirán a percibir los aspectos favorables, cuando se les hace ver que ser responsables de sus acciones les compensa, los Víctimas Perennes empezarán a ver la vida desde una perspectiva más optimista. Y esto hará la relación con ellos mucho más tolerable.

11

Los Mata-compañeros

«Calumniadores, chismosos
y saboteadores»

Predadores y venenosos, los Mata-compañeros son personas que buscan permanentemente modos para destruir la reputación de sus compañeros, con la persistencia de los reporteros de revistas del corazón escarbando en la basura de los famosos. Son tan malos que Dios no los quiere y el Diablo tiene miedo de que le arrebaten el infierno.

Los Mata-compañeros son individuos egocéntricos, despiadados, metódicamente perversos. Por eso no les preocupa en absoluto mentir, engañar o robar. A pesar de todo, los Mata-compañeros suelen ser selectivos a la hora de enseñar sus garras. Normalmente atacarán a aquellos compañeros que les han ofendido o a los que puedan representar una amenaza para ellos en la lucha por el poder y el prestigio que se produce en prácticamente todas las empresas. Tienen una personalidad muy débil, se sienten amenazados con facilidad y esperan con gran ansia recibir un reconocimiento y una adulación que ellos jamás mostrarán por un compañero. Aunque no suelen abandonar una batalla, los Mata-compañeros se transforman en cobardes en el preciso instante en que se dan cuenta de que no pueden vencer.

Encantadores y amables con sus aliados, los Mata-compañeros tienen tanto desparpajo como los drogadictos, cuando se les coge con las manos en la masa. Te pueden atacar por la espalda con la inocente calma de un asesino contemplando a su víctima; esparcen rumores maliciosos con el mismo entusiasmo de un toro suelto en medio de un rebaño de vaquillas, y sabotean el trabajo de sus compañeros con la misma saña de un político dando el voto decisivo que derrotará a la oposición.

Los Mata-compañeros son un contrasentido en una época en la que los términos cooperar, contribuir y compatibilizar se reconocen como atributos positivos. Ellos, por el contrario, son destructivos, obstinados y muy beligerantes.

Pero los Mata-compañeros pueden resultar responsables y dignos de confianza cuando se trata de sus propios trabajos. Amistosos y amables cuando han de serlo, también son defensores de sus subordinados.

Como jefes, los Mata-compañeros no permitirán ningún intento de interferencia en sus asuntos, aunque invadirán las áreas de otros jefes sin que nadie les haya invitado a ello. Exigen obediencia y lealtad de sus subordinados y a cambio los protegerán con la fiereza con la que un león defiende a su pareja. Y cuando se trata de cumplir con sus obligaciones, los Mata-compañeros suelen ser jefes eficaces capaces de obtener los mejores resultados de la gente que trabaja con ellos.

Como compañeros, los Mata-compañeros suelen ser alegres y colaboradores con los colegas que no les ofendan, que no supongan una amenaza para ellos, o que estén dispuestos a ayudarles en favor de sus intereses. Sin embargo, son totalmente despreciativos con los compañeros que no caen en ninguna de estas categorías. En este sentido, los Mata-compañeros son como guerreros. No respetan la privacidad de los demás o su derecho a desarrollar su trabajo sin continuas interferencias. También piensan que ellos deben ser los primeros entre sus compañeros. No disfrutan las mieles del éxito a menos que la mayor parte del mérito recaiga sobre ellos. Y por todo esto suelen ser luchadores furtivos, poco dignos de confianza en un juego desigual por la supervivencia del más fuerte.

Como subordinados, los Mata-compañeros fingen lealtad hacia sus jefes y en apariencia apoyan a sus compañeros. Sin embargo esta astuta imagen no es más que un ligero velo creado para enmascarar sus cobardes acciones. Cuando se les presenta la oportunidad de hacer daño a un compañero, los Mata-compañeros no respetan ni personas ni rangos; todos sus compañeros pueden ser sus objetivos. A pesar de todo, suelen ser eficaces en su trabajo y normalmente tienen una buena preparación y grandes capacidades.

El problema para llevarse bien con los Mata-compañeros no es sólo que son maliciosos sino también que no conocen otra manera de superar sus frustraciones o de competir para conseguir el reconocimiento y la gratificación. Por todo esto, trabajar con un Mata-compañeros puede ser como compartir cama con un tigre siberiano: el temor a ser devorado hará difícil conciliar el sueño.

Si trabajas para un Mata-compañeros:

- *Esfuérzate al máximo.* Los jefes Mata-compañeros normalmente exigen la perfección, a pesar de que esa perfección casi nunca es posible y ni siquiera es necesaria. Independientemente de ello, en lugar de obsesionarte con alcanzar la perfección, concéntrate en hacer bien tu trabajo. La mayor parte de las veces, tus esfuerzos darán unos resultados lo suficientemente buenos como para satisfacer las expectativas de tu jefe Mata-compañeros.

- *Mantén las distancias.* Adular a tu jefe Mata-compañeros puede resultar bien visto por él, pero sólo mientras le seas de utilidad. Pero te hará su cómplice y puede convertirte en un potencial chivo expiatorio, y en cualquier caso despertará dudas sobre tu ética. Por lo tanto, aunque no sea posible ignorarle del todo, debes mantener una prudente distancia respecto a las perversas acciones de tu jefe.

- *Sé discreto.* Los jefes Mata-compañeros pueden resultar tremendamente encantadores. Pero no te dejes engañar. Su auténtico propósito es obtener información que pueden utilizar en contra de tus compañeros. Ten cuidado con lo que cuentas a un jefe Mata-compañeros. Una buena fórmula es no decir nunca nada sobre alguien que no le dirías a la cara o delante de un grupo de gente.

Si tienes un compañero que es un Mata-compañeros:

- *Transmite solamente la información necesaria.* Los Mata-compañeros intentarán sonsacarte más información sobre tu trabajo de la que necesitan saber. No te dejes arrastrar por su trato amable. Deberás ser prudente a la hora de contar a un Mata-compañeros más de lo que es preciso que sepa. Hacerlo así no dificultará tu relación con él, sino que la pondrá en su nivel adecuado.

- *Procura ser discreto.* A los Mata-compañeros les gusta empezar conversaciones chismosas sobre otras personas y escuchar lo que los demás acaban explicando sobre ellos mismos. Estas conversaciones pueden ser una forma útil para relacionarse con los demás, pero pueden convertirse en fuente de problemas si se transforman en excusas para calumniar, extender rumores o perjudicar a los compañeros de cualquier otra forma.

- *Protege la información confidencial.* Tus colegas Mata-compañeros no respetarán tu espacio de trabajo, independientemente de que estés presente o no. Ten cuidado a la hora de dejar información delicada en un lugar que podría ser accesible para ellos o para cualquier persona que no debería conocerla.

- *Desenmascáralos.* Si llegas a tener noticia directa relacionada con las actividades malintencionadas de un Mata-compañeros, díselo. Y si sus acciones así lo precisan, denúncialos a la persona que corresponda. Los Mata-compañeros prefieren permanecer como intrigantes invisibles y abandonarán sus intenciones si se les desenmascara.

Si diriges a un Mata-compañeros:

- *Mantenlo ocupado de manera productiva.* Los Mata-compañeros suelen ser trabajadores competentes y cumplirán e incluso superarán las expectativas sobre sus resultados. De hecho, la facilidad con la que desempeñan sus responsabilidades les deja tiempo suficiente para extender el mal ambiente. Si te parece que un Mata-compañeros tiene demasiado tiempo disponible, adjudícale más responsabilidades. Esto le mantendrá centrado sobre algo productivo, te ahorrará esfuerzos para controlarlo en sus actividades conspirativas, y evitará que tengas que solucionar los problemas creados por sus maniobras sin escrúpulos.

- *Ten decisión.* Toma medidas ante los primeros indicios de que los Mata-compañeros están involucrados en conductas inapropiadas. Si dejas que continúen, sólo conseguirás que las cosas empeoren. Esto significa poner punto final a la calumnia, a los rumores y al sabotaje.

- *Amonesta con equidad.* Aunque la mayoría de los jefes prefieren no intervenir, una de sus obligaciones más importantes es resolver conflictos interpersonales entre sus subordinados. Esto resulta siempre complejo. Muy pocos de estos conflictos dejan bien paradas a ambas partes y no importa lo justo que intentes ser, siempre habrá alguien que terminará sintiendo que no se le ha tratado de una forma correcta. A la hora de tratar conflictos entre tus subordinados, asegúrate de que todos los involucrados aceptan su parte de responsabilidad en el origen del conflicto y asumen el compromiso de ponerle fin. Si se necesita algún tipo de castigo, intenta que sea proporcional a la ofensa. De esta manera, los Mata-compañeros serán responsables de sus propias acciones y, además, eso les refrenará a la hora de buscar revancha.

- *Transmite ideas positivas.* Los Mata-compañeros se presentan a sí mismos como colaboradores leales y sociables en los que puedes depositar toda tu confianza. A pesar de ello, debes ser muy precavido a la hora de hablar con libertad delante de un Mata-compañeros, porque pueden utilizar y de hecho utilizarán lo que digas en tu contra. Sin embargo, compartir tus opiniones positivas acerca de sus compañeros o de otros temas puede ser una forma muy válida de motivarles. Además, las opiniones positivas no se podrán utilizar en contra tuya o de ningún otro. Por el contrario, airear sentimientos negativos en el trabajo puede resultar contraproducente, e incluso directamente destructivo. Si necesitas compartir tu malestar con alguien, busca algún confidente digno de tu confianza fuera del trabajo.

Llevarse bien con los Mata-compañeros implica protegerte por delante, por detrás y por los lados, lo que es una desgracia, pero es la única forma de impedir que interfieran en tu trabajo o que destruyan tu reputación. Implica también dejarles claro que provocar la caída de los demás acabará causando su propia caída. Y cuando comprendan que no pueden escapar a las responsabilidades de sus acciones, los Mata-compañeros modificarán su actitud en el trabajo.

12

Los Rebeldes Contra la Productividad

«Desafiadores secretos»

Cínicos y taciturnos, los Rebeldes Contra la Productividad optan por ser ineficaces de manera premeditada. Parecen tener un profundo, aunque arbitrario sentimiento en contra de las personas con autoridad. Presentan una resistencia tan orgullosa a que se les diga lo que deben hacer que optarán por permanecer dentro de un edificio en llamas antes que seguir las órdenes de los bomberos.

Los Rebeldes Contra la Productividad expresan su carácter combativo mediante su obstruccionismo pasivo, su obstinación y su intencionada pérdida de tiempo. Tienen un bajo nivel de autoestima y están convencidos de que nadie les comprende ni les aprecia. La actitud resentida y negativa de los Rebeldes Contra la Productividad nos hará percibir al personaje más pesimista que conozcamos como un verdadero optimista. Están convencidos, también, de que la fortuna no les es favorable, lo que les provoca un gran resentimiento hacia los que ellos consideran como triunfadores.

Los Rebeldes Contra la Productividad mantienen una actitud inconscientemente negativa hacia la vida, lo que hace que el trato con ellos sea estresante, en el mejor de los casos, y nocivo en el peor. No suelen ser agresivos pero utilizan la manipulación y la indiferencia hacia sus responsabilidades cotidianas como una forma de controlar a los demás. Si no consiguen empujar a los otros a hacer lo que ellos quieren, se negarán a participar, obligando a los demás a asumir la parte de la tarea abandonada por ellos. Los Rebeldes Contra la Productividad protestan sin razón aparente y critican con frecuencia a los demás, independientemente de si la crítica es pertinente o no. Pero cuando ellos mismos se sienten incomprendidos o maltratados, recurren a explosiones de autocompasión para conseguir la solidaridad de los demás.

En un mundo en el que la ética en el trabajo y la cooperación se valoran como cualidades deseables, los Rebeldes Contra la Productividad protestan hasta la saciedad por cualquier asunto sin importancia y aplazan sus tareas hasta que realmente ya no son necesarias. Y a pesar de que hacen de la incompetencia un auténtico arte, los Rebeldes Contra la Productividad sobreviven gracias a su habilidad para conquistar la simpatía de los demás, y consiguen escapar de sus responsabilidades cubriendo su premeditada incompetencia con un manto de excusas.

A pesar de todo, los Rebeldes Contra la Productividad no son necesariamente unos vagos o unos insatisfechos con sus trabajos y tienen capacidad real para desempeñar correctamente sus tareas. Cuando deciden asumir la responsabilidad de abandonar su actitud conflictiva, los Rebeldes Contra la Productividad poseen las cualidades para ser unos colaboradores activos, eficientes y apreciables en el trabajo. Simplemente eligen no actuar así.

Como jefes, los Rebeldes Contra la Productividad son hostiles de una forma encubierta hacia aquellos superiores a los que no pueden engañar o controlar indirectamente. Tienden a desarrollar relaciones dependientes y protectoras con sus subordinados. Dedican gran parte de su tiempo a exponer su visión pesimista (sobre lo que está mal, lo que es injusto o despreciado), con sus subordinados, lo que planta la semilla del descontento, mina la moral y reduce la productividad. Están atrapados permanentemente en su propia red de negatividad, lo que hace de estos indecisos personas poco fiables y ambivalentes.

Como compañeros, los Rebeldes Contra la Productividad son personas colaboradoras, pero que limitan su colaboración debido a la pérdida de tiempo, la desconsideración y la ocultación de información importante. No intervienen en la lucha por el poder de una manera abierta, pero socavan los esfuerzos del equipo con su deliberada ineficacia. Sienten envidia de los compañeros que consideran que reciben un trato más favorable por parte de la dirección, lo cual les acaba por indisponer con casi todo el mundo.

Como subordinados, los Rebeldes Contra la Productividad provocan frustración de los jefes. Se presentan como individuos dedicados a su trabajo, con una actitud dispuesta y con la suficiente preparación para desempeñar sus funciones. Sin embargo, difícilmente cumplirán sus obligaciones o desarrollarán su potencial. Además, tienen una personalidad exigente y para ellos no hay logro por pequeño que sea que no deba ser reconocido, e incluso el comentario más suave sobre su trabajo puede ser percibido como un ataque a su autoestima. Se ponen nerviosos cuando se les exigen responsabilidades sobre el incumplimiento de calendarios o sobre su falta de dedicación en el desempeño de determinadas funciones.

El problema para llevarse bien con los Rebeldes Contra la Productividad es que son capaces de cumplir y colaborar pero simplemente no quieren hacerlo. La mayor parte de ellos ha desarrollado un enconado odio hacia la autoridad y hacia sus representantes, hasta el punto de que ese sentimiento les resulta tan cómodo como una vieja chaqueta de cuero. Sin embargo, los Rebeldes Contra la

Productividad reaccionarán cuando se les haga ver que desempeñar sus obligaciones les reportará más satisfacciones que revolcarse en una mezcla de autocompasión y rabia silenciosa.

Si trabajas para un Rebelde Contra la Productividad:

- *Ten iniciativas.* Los jefes del tipo Rebeldes Contra la Productividad no acaban de tener una idea muy clara de lo que sus superiores esperan de ellos y por lo tanto les resulta bastante difícil saber lo que ellos esperan de ti. Y cuando no sabes lo que se espera de ti, acabas por perder el tiempo. Cuando tengas dudas acerca de un proyecto, no esperes que tu jefe Rebelde Contra la Productividad te ofrezca las respuestas. Recurre a sus superiores y solicita aclaraciones. No necesitas hacerlo a sus espaldas; simplemente infórmale por anticipado de que te dispones a hablar sobre tus funciones con sus superiores para estar seguro de tener las ideas claras. El peligro de provocar su enfado es mucho menos preocupante que la posibilidad de fracasar y no cumplir con las expectativas de tus obligaciones. Además, esto te dará la oportunidad de tener un contacto directo con el jefe de tu jefe, lo que le permitirá ser consciente de tu dedicación al trabajo y de tu capacidad para posibles oportunidades en el futuro.

- *Sé independiente.* Convertirte en adulador o apoyar a un jefe Rebelde Contra la Productividad no te conducirá a ninguna parte. No intimes con tu jefe Rebelde Contra la Productividad. El pesimismo se puede contagiar si uno está mucho tiempo en contacto con él. Mantén una relación cordial pero limítala al plano laboral. Haz tu trabajo, pero no te adjudiques las responsabilidades que corresponden a tu jefe Rebelde Contra la Productividad ni hagas parte de sus obligaciones. Por otra parte, desempeñar el trabajo de otras personas no ayudará a que se conviertan en personas más responsables. Y si necesitas un guía, dirígete a otra persona que no sea tu jefe Rebelde Contra la Productividad en búsqueda de opinión o apoyo. Los Rebeldes Contra la Productividad por lo general carecen de criterio y no se puede esperar que aporten consejos sensatos.

- *Sé optimista.* El optimismo evitará que adoptes las mismas actitudes negativas que impiden a los directivos Rebeldes Contra la Productividad tener éxito o ser felices. El optimismo es el estímulo de las personas equilibradas. Genera esperanza en tiempos de dificultades y define actitudes positivas cuando se necesita claridad de ideas, y ayuda a despejar los días negros. El optimismo hace que percibas a los demás a través de sus aspectos más favorables, lo que facilita tu relación con ellos. Además el optimismo cambiará tu manera de relacionarte con un jefe Rebelde Contra la Productividad. Resulta muy difícil para cualquier persona persistir en una postura negativa cuando está en compañía de alguien que mantiene una disposición positiva hacia él.

Si tienes un compañero que es un Rebelde Contra la Productividad.

- *Realiza un control permanente de posibles daños.* Los Rebeldes Contra la Productividad suelen ofrecer compromisos con la misma facilidad con la que piensan incumplirlos. Esta duplicidad significa que debes realizar controles frecuentes para asegurarte de que los Rebeldes Contra la Productividad están, en efecto, desempeñando las responsabilidades asignadas y que cumplirán los plazos marcados para las tareas en equipo. Si descubres que están dificultando intencionadamente el trabajo del grupo, comunícales las tareas que estás esperando que ellos realicen y déjales claro que no tienes ninguna intención de hacer su trabajo. Si continúan perdiendo el tiempo, envíales una nota recordándoles lo pactado con anterioridad y las fechas asignadas a los proyectos. Si este recordatorio tampoco surte efecto, haz saber a tu jefe que se pueden producir retrasos en el proyecto causados por la falta de colaboración de tu compañero Rebelde Contra la Productividad en el cumplimiento de los objetivos. Una vez llegados a este punto, dar una respuesta más contundente al problema pasa a ser una responsabilidad de tu jefe.

- *No alardees de tus éxitos delante de ellos.* Los Rebeldes Contra la Productividad suelen ser personas resentidas con aquellos que reciben reconocimiento y gratificaciones por lo que hacen. Su resentimiento se manifiesta normalmente en forma de comentarios inapropiados o en una afectación displicente, que en definitiva no servirán ni para hacerte temblar de miedo ni para mantener en secreto tus triunfos. Lo que es realmente importante es que recuerdes que tu éxito alegra realmente a muy pocos de tus compañeros y que por el contrario provoca la envidia de algunos de ellos. Y a pesar de tu éxito, seguirás teniendo que entenderte con tus compañeros. Por este motivo, agradece su actitud a aquellos que comparten la alegría por tu éxito, pero no alardees de tus laureles delante de aquellos que están luchando duro por conseguir sus propios objetivos o de aquellos cuyos buenos resultados han pasado desapercibidos.

- *Sé generoso en tus valoraciones.* Los Rebeldes Contra la Productividad necesitan ser valorados por los demás. Cuando se sienten infravalorados se vuelven resentidos. Y este resentimiento les lleva a buscar formas para obstaculizar tu progreso. Ofrecer algunas palabras o gestos de reconocimiento de sus esfuerzos, aunque sean rutinarios, a tus compañeros Rebeldes Contra la Productividad, no supone un gran esfuerzo ni exige mucho tiempo, y por el contrario tendrá, un gran efecto positivo alimentando su necesidad de sentirse valorados, lo que en definitiva hará que sean un obstáculo menos para ti.

Si diriges a un Rebelde Contra la Productividad.

- *Enséñale a ser responsable, no contraproducente.* Los Rebeldes Contra la Productividad no saben cómo contrarrestar su actitud desafiante. Como resultado, la mayor parte de su tiempo lo emplean en actividades contraproducentes. La ineficacia intencionada es la prueba fundamental de que un subordinado es un Rebelde Contra la Productividad. La manera más efectiva de tratar a un empleado así es dejarle claro que eres consciente de que está trabajando por debajo de sus capacidades e informarle de las consecuencias de su comportamiento poco apropiado. Los Rebeldes Contra la Productividad negarán cualquier tipo de responsabilidad sobre este modo de transgresión, lo que en definitiva resulta esperable. No discutas este aspecto, y propón formas de actuación más responsables. La mayor parte de las personas piensan que tienen más capacidad de la que realmente poseen, lo que les hace sentirse suficientemente seguros para aceptar retos que están más allá de sus competencias reales y acaban por desarrollar nuevos facultades en este proceso. Los Rebeldes Contra la Productividad responden por debajo de su capacidad porque carecen de suficiente confianza en ellos mismos. Enseñarles a utilizar sus aptitudes de una forma responsable hará aumentar su confianza. Y en la medida en que ganen confianza en ellos mismos, los Rebeldes Contra la Productividad, empezarán a pensar y actuar de una manera más positiva.

- *Ponlo por escrito*. Los Rebeldes Contra la Productividad se olvidan de las cosas debido a su cinismo. La falta de memoria para las cosas que en teoría eran responsabilidad suya se convierte en una excusa para no hacer lo que se había determinado. Poner por escrito tus instrucciones no sólo servirá como recordatorio sino que ayudará a clarificar tus expectativas, ya que los Rebeldes Contra la Productividad no suelen preguntar cuando tienen dudas acerca de lo que se espera de ellos.

- *Contrólalos de cerca*. Los Rebeldes Contra la Productividad suelen tener alergia al control porque les impide disimular su falta de eficacia. Pero control es precisamente lo que necesitan si quieres que desempeñen unas funciones de acuerdo a sus capacidades reales. Lo percibirán, por supuesto, como un trato injusto. Sin embargo, dirigir con eficacia exige una supervisión del trabajo de todos y cada uno de los individuos. Los Rebeldes Contra la Productividad solamente necesitan un estricto control para conseguir que desempeñen sus obligaciones con eficacia. Y una vez que hayan demostrado ser responsables y dignos de confianza, puedes empezar a controlarlos de una manera más relajada.

- *No permitas actitudes de resentimiento.* Los cambios de humor se deben aceptar como una parte inevitable de la vida, igual que lo son las discusiones y las disputas en el momento en que los sentimientos se imponen a la razón. Sin embargo, no debes tolerar jamás los comportamientos basados en el resentimiento por parte de subordinados Rebeldes Contra la Productividad o cualquier otro subordinado. Investiga la naturaleza del problema. Apóyales y haz lo que esté en tu mano para solucionar el problema de la mejor manera. Pero no aceptes sus exigencias de una forma que pueda suponer una autorización de los comportamientos rencorosos como un método válido en el trabajo.

Llevarse bien con los Rebeldes Contra la Productividad implica dejarles claro que cualquier desafío encubierto les cerrará totalmente las puertas de futuras oportunidades. También requiere que su negatividad no haga de ti alguien que preferirías no ser. Y cuanto antes se les manifieste las consecuencias de su conducta y de sus lamentables resultados, antes empezarán a manifestar un comportamiento positivo y a mejorar la calidad de su trabajo.

13

Los Tiranos Temperamentales

«Incapaces de ser felices»

Inestables e infelices, los Tiranos Temperamentales parecen estar siempre enfadados con el mundo en general. Si no están enojados por algún motivo, están buscando alguna razón para enfurecerse. Están tan llenos de rabia que a su lado Atila el Huno parece el Papá Noel.

Los Tiranos Temperamentales son tan volátiles y pendencieros que pueden iniciar una pelea a la menor provocación. No están jamás contentos, incluso en las circunstancias más favorables y esto hace que sean personas que tienen dificultades para establecer relaciones personales sanas. Se ofenden con facilidad, pero ellos son implacables con los demás. Los Tiranos Temperamentales son vengativos y no tienen límites a la hora de ejercer su propia justicia. No es extraño que un Tirano Temperamental realice actos de venganza en la primera oportunidad que se le presente, incluso si esa oportunidad aparece tanto tiempo después de la ofensa que ya ni se acuerda de las verdaderas razones del acto de venganza.

Los Tiranos Temperamentales son personas muy tensas y tienen un mecanismo de reacción similar al de un dóberman. Atacarán a cualquiera que invada su territorio, lo cual les convierte en personas difíciles y poco aptas para trabajar en equipo. E igual que los dóberman, los Tiranos

Temperamentales necesitan un adiestrador preparado si se quiere evitar que muerdan la mano que los alimenta. Más aun, si alguien intenta prevenir sus actos hostiles, verá que éstos no siempre están basados en el sentido común. Es por esto que con frecuencia atacan a un inocente en un intento de perjudicar a quien les ha ofendido. En este sentido, los Tiranos Temperamentales son combativos hasta la saciedad y prefieren una victoria pírrica a un acuerdo que les exija un comportamiento más adaptado al cotidiano toma y daca de la vida laboral.

Los Tiranos Temperamentales están fuera de lugar en un mundo en el que la paciencia, la comprensión y el control de los impulsos se consideran cualidades personales muy importantes. Ellos son impacientes, duros de corazón e impulsivos.

A pesar de todo ello, los Tiranos Temperamentales suelen ser personas competentes y cumplidoras de sus responsabilidades laborales. También pueden ser excelentes consejeros que dedicarán tiempo a ayudar a los demás a desarrollar sus facultades y a resolver sus problemas. Y cuando están tranquilos resultan personas civilizadas y educadas.

Como directivos, los Tiranos Temperamentales están obsesionados con la autoridad (ejerciendo la suya o adaptándose a la de sus jefes poderosos), y con el cumplimiento de objetivos. Y se enfadan con facilidad con cualquiera que les interrumpa o distraiga de sus preocupaciones. Con frecuencia tienden a dar órdenes antes que intentar convencer con sus propuestas, y generalmente ya tienen una opinión formada antes de preguntar a los demás la suya. Los Tiranos Temperamentales evitan dirigir a personas que confían en sí mismas, o bien conectadas, lo cual se ve reflejado en su política de contratación y de dirección de personal.

Como compañeros, los Tiranos Temperamentales no se encuentran cómodos en el trabajo en equipo porque saben que los demás preferirán evitarlos antes que trabajar con ellos. Ven a sus compañeros como competidores por la atención y por la estima de su jefe. En un debate normal, abierto y honesto con compañeros, los Tiranos Temperamentales se mostrarán agresivos porque su predisposición belicosa anula su capacidad para seguir la lógica de los argumentos. Y cuando su postura no prevalece, los Tiranos Temperamentales se retiran y dejan de cooperar.

En el papel de subordinados, los Tiranos Temperamentales son dóciles seguidores de los directivos influyentes, entre los que puede encontrarse o no su propio jefe. Todo depende de lo que ser obediente a su jefe les pueda reportar. Cuanto más beneficios les puedan proporcionar sus jefes, más fieles les serán los Tiranos Temperamentales. Son un poco cabezotas a su manera, pero los Tiranos Temperamentales suelen ser trabajadores responsables de los que se puede esperar que cumplan con sus obligaciones razonablemente bien. A pesar de todo, los Tiranos Temperamentales no poseen suficiente control emocional como para confiar en que se sepan adaptar a situaciones de gran estrés.

El verdadero obstáculo para llevarse bien con los Tiranos Temperamentales no es que en ocasiones liberen su mal genio, sino que nunca sabes cuándo ni por qué explotarán. De hecho, trabajar con un Tirano Temperamental es como acariciar una serpiente cascabel, sabes que te morderá, el problema es cuándo.

Si trabajas para un Tirano Temperamental:

- *Demuestra valor.* A pesar de que pueda parecer inquietante aproximarse a un jefe Tirano Temperamental con asuntos rutinarios, y desalentador dirigirse a ellos con problemas serios, no son tan temibles como pueden parecer. Los jefes Tiranos Temperamentales gritan bastante, y a poca gente le gusta que le chillen en su trabajo. Dicho esto, no permitas que la posibilidad de que te griten te frene a la hora de hacer aquello que debes hacer, es decir cumplir con tu trabajo. Si consigues reunir el valor necesario para discutir temas relacionados con tu trabajo con tu jefe Tirano Temperamental, mantén la tranquilidad si él pierde la compostura, orienta siempre la discusión hacia los problemas, y normalmente se calmará rápidamente y te acabará tratando a ti y a tus problemas de una manera razonable. Es más, una vez que un jefe Tirano Temperamental vea que no le tienes miedo, se comportará de una forma más civilizada contigo.

- *Rechaza el abuso.* Los Tiranos Temperamentales son conocidos por su tendencia a descargar sus frustraciones sobre los demás como forma de resolver su estado de infelicidad general. Esto es no sólo un abuso de autoridad, sino también una violación del derecho básico de todos a ser tratados con respeto. Cualquier jefe puede parecer gruñón si tiene un mal día, lo cual no es alarmante. Sin embargo, uno no tiene por qué sufrir los malos humores diarios de un jefe Tirano Temperamental inadaptado. Si descargan muchas de sus frustraciones sobre ti, exígeles que paren. Reclamar el respeto a tu dignidad normalmente pone fin a este tipo de abusos porque los jefes Tiranos Temperamentales saben muy bien que abusar de sus subordinados no les reportará una buen imagen ante la dirección de la empresa y les enemistará con prácticamente todo el mundo en el trabajo.

- *Intenta conocer su estado anímico.* A pesar de que puede cambiar sin previo aviso, intentar saber el humor de un jefe Tirano Temperamental antes de una reunión con él es siempre muy aconsejable. Conocer su estado anímico no resulta tan difícil. Pregunta a su secretaria o a sus colaboradores. Es muy probable que alguno de ellos pueda ofrecerte un diagnóstico bastante fiable. Con esta información podrás valorar mejor cómo reaccionará tu jefe Tirano Temperamental ante lo que sea que le quieres plantear. Si te resulta imposible conocer su estado de ánimo con antelación, peca de prudente y empieza planteando los temas menos conflictivos antes de entrar en los puntos más peliagudos. Y si tienes la impresión de que empieza a perder los estribos, reduce el número de los temas a tratar, resume rápidamente y dale tiempo para calmarse; más tarde retoma la reunión donde la dejaste. Recuerda que incluso las buenas noticias no caerán bien si tu jefe está de mal humor, y que las peores serán mejor acogidas si está de buen humor.

• *Aprovecha cualquier oportunidad para aprender algo nuevo.* El éxito de los Tiranos Temperamentales no radica en la capacidad de su gente, sino en su competencia. Pedir explicaciones a un jefe Tirano Temperamental sobre un tema que no acabas de entender del todo pero sobre el que quisieras saber más es un buen sistema para construir una relación positiva de trabajo con él. Les halaga que se les pida que compartan sus conocimientos. En la mayoría de las ocasiones si no disponen de tiempo en ese preciso instante para instruirte, te buscarán un hueco cuando puedan. Los Tiranos Temperamentales son muy responsables a la hora de cumplir con sus obligaciones, y esta característica explica su voluntad de ayudar a sus subordinados a avanzar en sus puestos de trabajo. Más aún, el aprendizaje de nuevos aspectos en tu trabajo no sólo te ayudará a mejorar tus resultados en el presente sino que también te preparará para nuevas oportunidades en el futuro.

Si tienes un compañero que es un Tirano Temperamental:

- *Evita todo tipo de conflicto innecesario.* Los Tiranos Temperamentales no resuelven sus conflictos emocionales con la razón, lo que les lleva a responder de una manera exagerada en pequeñas confrontaciones o ante divergencias respecto a su opinión. Tienen la tendencia a desquitarse con las personas que les han ofendido, especialmente en público. Esto no debería preocuparte si tú tienes una opinión diferente, un problema que necesita resolverse o cualquier otro tipo de razón de peso que justifique enfrentarte con un compañero Tirano Temperamental. De todas maneras, evitar los conflictos innecesarios es también aconsejable porque te podrían crear más problemas que requerirían de un tiempo y una energía que no estás dispuesto a dedicarles.

- *Identifica los cambios de humor normales.* Todo el mundo tiene días buenos y días malos que inciden en su predisposición hacia los demás. Esto no significa una conducta inadaptada sino un comportamiento normal. Este principio afecta también a los Tiranos Temperamentales, cuyos cambios de estado de ánimo deben ser detectados y aceptados igual que los de todo el mundo. A pesar de que en ocasiones resulta difícil abstraerse del mal humor de los Tiranos Temperamentales, si te obsesionas con sus fluctuaciones anímicas pondrás un excesivo énfasis en su actitud y dejarás de lado los temas relativos al trabajo que te afectan en relación con ellos. Esto además puede otorgar una influencia excesiva de su humor sobre tu productividad. Valora sus cambios de humor en su justa medida, y no exageres su ascendiente.

- *Permíteles salvar la cara.* Los Tiranos Temperamentales tienen sentido del ridículo, lo que con frecuencia provoca que desaparezcan después de una de sus embarazosas explosiones; y resulta difícil relacionarse con un compañero que se siente avergonzado como un corderito delante de ti. Cuando se dé una situación así, actúa como si tu compañero Tirano Temperamental no tuviera nada de lo que sentirse avergonzado y trata los temas con él con naturalidad. Inmediatamente se dará cuenta de que eres consciente de la situación que ha provocado, pero agradecerá que te comportes como si nada pasara. Facilitar que los compañeros Tiranos Temperamentales puedan salvar la cara es un buen sistema para romper la maldición que representa su aislamiento autoimpuesto y para reconducir vuestras actividades conjuntas hacia la normalidad.

- *En ocasiones es mejor poner la otra mejilla.* Los Tiranos Temperamentales se sienten incómodos en situaciones grupales y se ponen tensos y negativos como consecuencia de su inseguridad personal más que por los temas relacionados con el trabajo. Cuando explotan por algún motivo que parece trivial y sobre el que no merece la pena pelear, a veces resulta mejor no responder y dejarlos desbarrar y bramar. Atacar verbalmente a alguien que se niega a seguir la espiral de conflicto suele ser una situación humillante que poca gente es capaz de mantener. Poner la otra mejilla puede resultar, además, un buen sistema de ayudar a los Tiranos Temperamentales a ser conscientes de su comportamiento inapropiado, lo cual será positivo no sólo para ellos sino también para ti.

Si diriges a un Tirano Temperamental:

- *Corrige los comportamientos inadecuados.* En la mayoría de los casos los Tiranos Temperamentales persisten en sus comportamientos autodestructivos y contraproducentes porque nadie les hace responsables de sus conductas antisociales. Si corriges a un Tirano Temperamental la primera vez que pierde el control, le estarás enviando un mensaje muy claro y fuerte sobre tu intención de no dejar pasar sin castigo ese tipo de comportamientos. Además la voz correrá y servirá como una advertencia general para todos tus subordinados de que no piensas tolerar conductas inapropiadas.

- *Ayúdales a ser conscientes de su comportamiento.* Los Tiranos Temperamentales no son, en muchas ocasiones, conscientes de las consecuencias de sus agresiones, que pueden provocar un daño emocional en los demás e incluso limitar su propia capacidad de triunfar. Un buen momento para mostrar a un Tirano Temperamental la importancia de controlar su temperamento se presentará justo cuando se hayan serenado los ánimos después de una de sus típicas explosiones. Explícale cómo tú y otros habéis interpretado su estallido. Hazle ver cómo afecta ese comportamiento a la relación contigo y con los demás. Y, por último, pero muy importante, comunícale las consecuencias que futuras salidas de tono podrían tener. De hecho, nunca se producirá un cambio real en el comportamiento de una persona hasta que ésta no sea consciente del tipo de conducta que es necesario corregir.

• *Utiliza sus aptitudes con inteligencia.* Con frecuencia los Tiranos Temperamentales tienen un potencial que puede ser beneficioso para ellos y para ti si se utiliza debidamente. Ellos están siempre dispuestos a hacer algo destacado y cuando se sienten infrautilizados se hacen aún más irritables de lo que normalmente son. Cuando un Tirano Temperamental está desempeñando un trabajo que le hace sentir que sus capacidades se están empleando como es debido, la cortina que le impide ser feliz comienza a caer.

• *Mantén una actitud alegre.* No hay nada que sea más significativo y más claro para la gente que el comportamiento de sus jefes. Si tú estás alegre la mayor parte del tiempo, es probable que tus subordinados imiten tu ejemplo. La misma regla es cierta si estás enfadado todo el rato. Los Tiranos Temperamentales no se escapan a esta norma, por lo que cuanto más jovial te muestres en el trato con ellos, más podrás esperas que ellos actúen de la misma manera.

Llevarse bien con los Tiranos Temperamentales exige aprender a mostrar benevolencia delante de sus estallidos caprichosos, a conservar la calma a pesar de que estaría justificado tu enojo y a ayudarles a tomar conciencia de su forma de ser. También requiere no admitirles ninguna excusa para sus diatribas y actos de venganza. Los Tiranos Temperamentales necesitan comprender realmente que no hay ninguna alternativa al comportamiento civilizado en el trabajo. Y cuando no se permite ninguna excusa que les impida sentirse responsables de sus actos, resulta increíble lo rápido que aprenden a controlar sus tendencias habituales.

14

Los Hipersensibles

«Trabajadores sociales»

Hipersensibles y entrometidos, los Hipersensibles son personas altruistas, fanáticos policías de la autoestima de todo el mundo que decretan salvoconductos para sus compañeros desvalidos. Están tan preocupados por el bienestar de todos que en una guerra serían capaces de atacar las filas enemigas armados con libros de autoayuda, y se dedicarían a discutir sobre los sentimientos de los soldados enemigos.

Los Hipersensibles son individuos con personalidades débiles, remilgados y tremendamente inseguros. Por norma se sienten atacados emocionalmente por razones equivocadas, y ponen un enorme énfasis en la necesidad de ser apreciados y aceptados socialmente. Suelen tener tendencia a la frustración y bastante resistencia hacia la autoridad. Los Hipersensibles creen firmemente que todos los compañeros deben compenetrarse bien para poder trabajar juntos. Les dan muchas vueltas a pequeñas cosas, y a los detalles insignificantes, lo que hace que se preocupen de asuntos que no deberían inquietarles y que se olviden de aspectos que en realidad deberían afectarles.

Los Hipersensibles son benefactores impenitentes que se sienten obligados a ofrecer su ayuda a aquellos compañeros que son incapaces de afrontar los reveses profesionales, a aquellos que no aceptan el hecho de que no siempre pueden salirse con la suya o que simplemente no soportan las consecuencias derivadas del incumplimiento de sus obligaciones. Pero con su intervención en situaciones en las que piensan que se está tratando injustamente a alguien, los Hipersensibles acaban por crear más tensión personal de la que solucionan. Y no les preocupa no contar ni con legitimidad para actuar ni con un conocimiento suficiente de los acontecimientos, ni el hecho de que ya se hayan tomado las medidas apropiadas para solucionar el problema.

Los Hipersensibles están fuera de lugar en un mundo en el que la confianza en uno mismo, la responsabilidad personal y la fortaleza de carácter son rasgos muy valorados. Ellos intentan que sus compañeros se sientan en deuda con ellos inmiscuyéndose en asuntos ajenos y creando un ambiente de dependencia emocional.

Los Hipersensibles tienen tendencia a ser perfeccionistas. Suelen ofrecer buenos resultados en aquellos puestos en los que cuentan con un alto grado de libertad, exentos de un control y un seguimiento muy próximos.

Como jefes, los Hipersensibles consideran prioritarias las formas y las impresiones por encima de las personas y la productividad. Tienen una gran capacidad de sacrificio, y hacen el trabajo de aquellos subordinados con un rendimiento bajo, aunque tengan la capacidad de hacerlo mejor, para evitar que sufran las consecuencias negativas de su negligencia personal. Tienden a desarrollar relaciones armoniosas entre sus subordinados y son tan profundamente protectores que pasarán por alto comportamientos que requerirían una respuesta disciplinaria.

Como compañeros, los Hipersensibles son personas excesivamente atentas que resultan agobiantes con sus esfuerzos para que todos sus compañeros se sientan bien. La apariencia de alegría siempre esconde problemas reales, y tratar esos problemas no resulta del agrado de los Hipersensibles. Además tienen la tendencia a inmiscuirse en la vida personal de sus compañeros. Intentarán sacar a sus compañeros de situaciones desagradables y siempre les ofrecerán una salida para que no tengan que asumir ninguna responsabilidad por una situación creada por ellos mismos.

Como subordinados, los Hipersensibles suelen tener una verdadera devoción por sus jefes pero se vuelven muy ansiosos ante el mínimo indicio de que no son valorados o tomados en consideración. Cuando se sienten rechazados, los Hipersensibles se transforman en personas indolentes y distantes, dejan de cumplir sus obligaciones a tiempo y se ven fácilmente superados por una carga normal de trabajo. Y si se encuentran superados, no suelen pedir ayuda porque consideran que su papel en la vida es ayudar a los demás.

El verdadero problema para llevarse bien con los Hipersensibles no es que sean benefactores profesionales sino que se inmiscuyen indebidamente en asuntos que están fuera de sus responsabilidades. Sinceramente, los Hipersensibles pueden resultar tan molestos como los hinchas de fútbol en un estadio que tapan tu visión con pancartas con citas bíblicas. Sus intenciones son buenas pero no saben cuándo deben esfumarse.

Si trabajas para un Hipersensible:

- *Ayúdale a centrarse.* Los jefes Hipersensibles prefieren hablar sobre los problemas imaginarios de otros que concentrarse en la dirección y gestión del trabajo real bajo su responsabilidad. A pesar de que los problemas de la gente pueden suponer interrupciones y distracciones, los jefes Hipersensibles suelen darles más importancia de la que realmente tienen. Para evitar digresiones inútiles, intenta centrar tus conversaciones con tu jefe Hipersensible, con el objetivo de cumplir con tu trabajo. Esto no sólo te ayudará a no perder de vista el objetivo sino que contribuirá a que tu jefe se concentre en lo que es realmente importante.

- *Sé generoso en tus valoraciones.* A pesar de que resulte sorprendente, los jefes Hipersensibles esperan signos de aprecio por parte de sus subordinados. Mostrar tu consideración por su apoyo y su ayuda contribuirá enormemente al mantenimiento de una relación positiva con tu jefe Hipersensible. Si no le valoras, se sentirá ofendido.

- *Responde a su necesidad de controlarlo todo.* No necesitas convertirte en un adulador sumiso para llevarte bien con un jefe Hipersensible, pero sí debes hacerle sentir que está realmente al frente de todo. Mantenle permanentemente informado de todas tus acciones y recaba su aprobación antes de comenzar un proyecto nuevo. A pesar de su rigidez, los jefes Hipersensibles pueden resultar bastante flexibles si les haces creer que realmente controlan la situación.

- *Cuida las formas.* A pesar de que los jefes Hipersensibles suelen obviar comportamientos inapropiados, lo cual supone que estos comportamientos se repetirán, debes esperar que otros miembros del equipo directivo no sean tan indulgentes. Si mantienes un comportamiento correcto en el lugar de trabajo te evitarás tener que preocuparte ante la posibilidad de que un superior intervenga cuando un jefe Hipersensible sea reacio a afrontar la situación él mismo.

Si tienes un compañero que es un Hipersensible:

- *Mantén en secreto tu vida privada.* Debido a la cantidad de horas que nos pasamos en el trabajo, siempre resulta reconfortante tener un compañero que escuche nuestros problemas personales. Dicho esto, recuerda que comentar asuntos personales en el trabajo puede resultar contraproducente. Y es especialmente peligroso con colegas Hipersensibles, porque tienen tendencia a desarrollar atracciones fatales. Debes recordar que la vida está cargada de problemas, y que no existe ninguna razón lógica para hacer de tus cuestiones personales una pesadilla al compartirlos con un compañero Hipersensible.

- *Mantenlos fuera de tus asuntos.* Los Hipersensibles tienen tendencia a involucrarse en los asuntos laborales de sus compañeros. No necesitas ser mal educado, pero con un simple «gracias, pero yo puedo solucionar esta situación», podrás poner punto final a sus intromisiones. Si no captan la indirecta, utiliza un método aún más directo.

- *Fomenta su responsabilidad.* Los Hipersensibles suelen estar tan preocupados por la política en la oficina que descuidan sus propias obligaciones. Si tú te dedicas a encubrir su negligencia, se harán aún más descuidados. Los Hipersensibles necesitan mucha motivación para centrarse en sus obligaciones. Sin embargo, si observas que uno de ellos incumplirá un objetivo que afecta a tu propio trabajo, informa a tu jefe sobre la situación para que pueda tomar medidas correctoras.

Si diriges a un Hipersensible:

- *Marca objetivos y calendarios.* Los Hipersensibles no suelen ser personas muy autónomas, lo cual significa que necesitan objetivos claros y calendarios definidos para seguir encauzados hasta completar un proyecto. Átalos en corto. Si se les da cuerda, los Hipersensibles empezarán a vagabundear y a inmiscuirse en temas ajenos a sus responsabilidades.

- *Vigila tu retaguardia.* Los Hipersensibles no tienen un talante combativo, y es por ello que te pueden coger desprevenido. A pesar de todo, si se sienten amenazados al tener que dar cuentas de sus malos resultados, irán directamente a tu superior a espaldas tuyas y te harán responsable de todos sus problemas en el trabajo. En realidad, se puede hacer muy poco para prevenir este tipo de situaciones; simplemente debes afrontarlas cuando ocurran. Por suerte, la mayor parte de los jefes conocen este tipo de tácticas y no aceptarán ninguna excusa que sirva para rehuir responsabilidades.

- *Ensalza sus resultados.* Los Hipersensibles suelen tener una baja autoestima, lo que les da una sensación de gran ineficacia. Si ensalzas sus éxitos, esto les ayudará a superar estas deficiencias emocionales. A la hora de resaltar los resultados, recuerda que la autoestima no se fundamenta sobre excusas, y que los pretextos para justificar resultados deficientes fomentan la ineficacia personal. Por el contrario, los buenos resultados incrementan la autoestima y proporcionan un sentimiento de efectividad del individuo. Y no olvides que los resultados no necesitan ser perfectos para ser dignos de alabanza, basta que sean lo suficientemente buenos.

- *No les mantengas fuera de la realidad.* Los Hipersensibles no saben afrontar correctamente las situaciones incómodas que nos encontramos en la vida diaria. En lugar de tomar las medidas adecuadas para encauzar esas malas situaciones y encaminarlas en una dirección satisfactoria, los Hipersensibles adoptarán actitudes contraproducentes ante esas realidades, que generarán miedos, ansiedad innecesaria y un razonamiento irracional. Permitirles huir de las circunstancias difíciles no les hará más fuertes ni hará desaparecer los problemas; por el contrario provocará excusas y más descuido. Para desarrollar su autoestima, habla con ellos de una manera firme a través de todo el proceso. Explícales que no estás buscando culpables, sino que quieres ayudarles a ser más autónomos a la hora de afrontar las dificultades. Además, déjales claro que esperas de ellos que solucionen los problemas cotidianos de una forma correcta.

Llevarse bien con los Hipersensibles implica ayudarles a cambiar su propia imagen de centinelas de la felicidad de todos y alejarlos de su permanente necesidad de ser el centro de atención. Una vez que entiendan que ocuparse de su propio trabajo debe ser su prioridad máxima, los Hipersensibles verán que son verdaderamente valorados cuando desempeñan su trabajo con eficacia.

15

Los Aprovechados

«*Caza oportunidades*»

De miras cortas e indulgentes consigo mismos, los Aprovechados son personas adictas a utilizar los recursos de la empresa en beneficio propio. Son tan poco honestos que serían capaces de cargar como gasto de empresa una fiesta celebrada durante sus vacaciones junto con sus vecinos y amigos, con regalos incluidos.

Los Aprovechados tiene una noción muy interesada de lo que es correcto y de lo que no lo es. Tienen una ética totalmente flexible y están convencidos de que las normas que ellos incumplen o las reglas que violan no están hechas para ellos. Y son siempre capaces de justificarse a sí mismos. Por todo ello, los Aprovechados son conscientes de lo que hacen cuando se permiten el uso no autorizado de las cuentas de gastos, utilizan para temas particulares los servicios y equipos de sus oficinas, se apropian del material del despacho o desarrollan cualquier actividad ilícita inducida por su tendencia a la corrupción.

Los Aprovechados son individualistas, superficiales y tacaños. Siguen un modelo de actuación que coloca por encima de todo sus propios intereses, y tienen un estilo de relación que vulnera los derechos y aliena la confianza de los demás. Cuando son incapaces de aprovecharse de los recursos de su empresa para su propio beneficio particular se muestran aturdidos y confusos. Y se ponen a la defensiva cuando se les hace ver sus transgresiones, tras lo que los demás les otorgarán con frecuencia un voto de confianza porque los Aprovechados son unos auténticos maestros en el arte de la negación.

Los Aprovechados son una paradoja en un mundo en el que la integridad, el buen juicio, la humildad y la generosidad son reconocidos como valores personales importantes, porque ellos son deshonestos, cortos de miras, orgullosos y egoístas.

Sin embargo, los Aprovechados con frecuencia son cumplidores en su trabajo y leales a su empresa. Suelen saber cómo manejarse en los vericuetos de la burocracia, lo cual puede resultar una cualidad muy recomendable. Además poseen una increíble capacidad para evaluar a la gente lo suficientemente bien como para saber con antelación cómo reaccionarán en determinadas situaciones.

Como jefes, los Aprovechados son responsables y dignos de confianza a la hora de desempeñar las funciones básicas de sus cargos de dirección. Suelen estar dispuestos a delegar tanto la responsabilidad como los detalles en aquellos subordinados con capacidad suficiente en los que han depositado su confianza. Sin embargo, se muestran poco escrupulosos cuando se trata de ejercer su autoridad sobre los fondos económicos, el tiempo de sus subordinados u otro tipo de recursos de los que se apropian y ponen a su disposición particular.

Como compañeros, los Aprovechados son normalmente personas agradables y fiables. Además suelen ser extrovertidos, gratos y fáciles en el trato laboral. A pesar de ello, suelen ser unos gorrones encantadores que se preocupan más de buscar lo que puedan conseguir de ti que de hacer algo por ti. Y si en alguna ocasión te hacen algún favor, esperarán a cambio un favor mucho más importante.

Como subordinados, los Aprovechados no suelen crear problemas pero tienen dificultades a la hora de seguir las instrucciones o de actuar según las normas. Pueden dar buenos resultados si se les supervisa de cerca, pero pueden distraerse con facilidad buscando oportunidades para enriquecerse personalmente de una forma injusta. E independientemente de su salario y demás ventajas, siempre se considerarán mal pagados y recurrirán a cualquier medio para cobrarse la diferencia.

El auténtico problema para llevarse bien con los Aprovechados no es sólo su obsesión con llenarse los bolsillos, sino que al intentar hacerlo malgastan el tiempo de los demás y los recursos de la empresa, desviándolos de su legítimo objetivo. De hecho, trabajar con un Aprovechado puede ser tan indignante como pagar al hijo de tu vecino para que te corte el césped y descubrir que se lleva tu máquina segadora una vez acabada la tarea. Sin embargo, existen maneras prácticas para relacionarse con los Aprovechados sin tener que hacer dejación de tus principios ni perdonar su conducta poco apropiada.

Si trabajas para un Aprovechado:

- *Evita los favores personales.* Los jefes Aprovechados pedirán con frecuencia que les hagas recados privados o favores personales. En la mayor parte de los casos, esperan que sus deseos se cumplan durante las horas de trabajo y a cargo de la empresa. El hecho de que estas peticiones no se encuentren dentro de tus obligaciones las convierte en un abuso de autoridad por parte del jefe Aprovechado. Aunque resulta muy fácil verse envuelto en este tipo de favores hacia los jefes, porque a cambio estarán más dispuestos a hacer concesiones especiales, el hecho de convertirte en dispensador de este tipo de favores no te otorgará ningún tipo de seguridad laboral. Si realmente quieres que se te valore cuando lleguen tiempos difíciles o cuando surjan oportunidades de ser promocionado, es mucho mejor desempeñar bien tu trabajo que hacer favores especiales o realizar recados para tu jefe. Además, los jefes Aprovechados suelen ser conscientes de que solicitar a los subordinados que les hagan favores personales no resulta apropiado, por lo que normalmente no se enfadarán cuando de una forma educada rechaces sus peticiones.

* *Coge el balón y corre.* El hecho de que los jefes Aprovechados tengan tendencia a delegar tanto el día a día como su autoridad, representa una excelente oportunidad para mostrar todo tu potencial. Aprovéchate de esas situaciones porque no dispondrás de muchas oportunidades como ésas en tu carrera para ir dejándolas escapar. Simplemente mantén informado a tu jefe Aprovechado de tus avances y de tus planes para evitar que si alguien le pregunta sobre tus actividades no sepa qué responder. Si encuentras un nudo burocrático en tu camino, consúltale sobre cómo resolverlo sin enemistarte con aquellas personas con las que irremediablemente tendrás que trabajar en el futuro. Por supuesto que los jefes Aprovechados se apropiarán del reconocimiento y de las compensaciones que se deriven de la consecución de tus propios objetivos. Pero no te preocupes en exceso de este tipo de situación común en la vida laboral. Los demás sabrán quién hizo el trabajo realmente, y cumplir con tu obligación acabará por dar sus frutos a la hora de progresar en tu carrera profesional.

* *Mantén tus principios éticos.* Los jefes Aprovechados suelen empujar a los demás a hacer cosas

que no deberían hacer. Si no tienes cuidado, te pueden llegar a convencer para que hagas un uso indebido de tu presupuesto o de otros recursos en provecho de ellos. Sin embargo, si dejas claro que no estás dispuesto a quebrantar la confianza que ha sido depositada en ti, tendrán más reparos a la hora de pedirte que hagas un uso poco legítimo de tus recursos en su beneficio. De todas maneras, habrá situaciones en las que lo que el jefe te pide que hagas estará en una zona gris, lo que dificulta saber qué hacer en el momento. Este tipo de situaciones te pone frente a decisiones complicadas que pueden afectar tu relación con tu jefe e influir en el futuro de tu carrera. En cualquier caso, debes estar dispuesto a mantener tu postura en este tipo de asuntos, porque ninguna decisión que involucre dinero u otro tipo de recursos se podrá mantener en secreto durante mucho tiempo. Además, los jefes Aprovechados no asumirán la responsabilidad por haberte forzado a dar un paso en su beneficio que a ti te representará complicaciones cuando los hechos se acaben por conocer.

Si tienes un compañero Aprovechado:

- *Ten cuidado a la hora de denunciar un mal uso de los recursos.* Los Aprovechados no tienen ningún problema a la hora de utilizar los recursos de la empresa y tienden a pensar que con dinero se arreglan todos los problemas. El despilfarro es un síntoma de falta de buen criterio pero no necesariamente de falta de ética. Al mismo tiempo la falta de juicio combinada con una postura interesada sobre el bien y el mal pueden conducir a un comportamiento corrupto. Aunque pueda parecer que la distinción entre una decisión equivocada y una conducta inmoral es clara, normalmente no lo es. Las apariencias pueden ser engañosas y pueden llevarte a equivocarte sobre lo que tú crees que es la verdad. Por lo tanto, si crees que tus compañeros Aprovechados están involucrados en la utilización ilícita de recursos de la empresa, asegúrate bien de que puedes sustentar tus sospechas con hechos. Hacer una denuncia falsa sobre la conducta ética de tus compañeros dañará tu reputación y tu posición. Pero, aunque resulte sorprendente, una denuncia verdadera también puede deteriorar tus relaciones en el trabajo. La decisión entre denunciar o hacer la vista gorda en relación con un uso indebido de recursos de la empresa no resulta tan fácil en la vida real como en situaciones teóricas. De todas maneras, si decides hacer efectiva una denuncia de lo que a ti te parece una conducta inapropiada, sé siempre discreto sobre el asunto. Y recuerda que una vez que has presentado tu informe, el asunto se convierte inmediatamente en la responsabilidad de otro.

- *Rechaza ser un cómplice.* Los Aprovechados tienen una capacidad especial para convencerte de hacer determinadas cosas por ellos que no harías por ningún otro compañero. Estas cosas pueden incluir el uso de dinero sin la debida autorización, de equipamiento, de material, de servicios o del tiempo de los demás compañeros. Y ten por seguro que poner en juego la integridad de uno resulta mucho más fácil de lo que puedas imaginarte. Recuerda que una vez que has sobrepasado el límite de la integridad a favor de un compañero Aprovechado, te conviertes automáticamente en su cómplice. Además, los cómplices normalmente también reciben su castigo una vez el autor de la fechoría es atrapado; por lo que debes tener muy claro desde el principio hasta qué punto estás dispuesto a saltarte las normas para seguir a tus compañeros. No olvides que a los Aprovechados les preocupa mucho la opinión de los demás. Si piensas que un compañero Aprovechado ha violado tus derechos o ha quebrantado tu confianza, habla con él. Hacerlo quizá no suponga una vacuna para evitar ese tipo de comportamiento en el futuro, pero sí supondrá una solución al problema más inmediato, y esto muchas veces es lo máximo a lo que se puede aspirar.

- *Evita ser cicatero.* Los Aprovechados son muchas veces capaces de convencer a sus jefes de que les concedan compensaciones monetarias extraordinarias. Ver cómo compañeros egoístas disfrutan de sueldos extra resulta en el mejor de los casos molesto y en el peor exasperante. De todas maneras, la vida laboral no ha sido ni será nunca totalmente justa. Y aceptar situaciones injustas exige un gran esfuerzo sobre todo de aquellos que no están dispuestos a aprovecharse de esas injusticias. Ser excesivamente puntilloso sobre pequeñas compensaciones económicas que tu jefe concede a tus compañeros pero no a ti te hará menos fuerte. Si finalmente decides plantear un problema por haber sido apartado de esas compensaciones económicas extraordinarias, asegúrate de que realmente merece la pena enfrentarte a tu jefe por este tema. Si no es así, la mejor opción en estos casos es no protestar.

Si diriges a un Aprovechado:

- *Sé un ejemplo para los demás.* Su propio comportamiento personal es la expresión más clara del verdadero carácter de un jefe. Si esperas que tus subordinados hagan un uso adecuado de los recursos de la empresa, la mejor forma de subrayarlo es con tu propio ejemplo. Si tú utilizas los recursos de una forma correcta, la mayor parte de tus subordinados harán lo mismo. Si, por el contrario, haces uso de los medios de la empresa para tu propio provecho, lo más seguro es que tus subordinados más influenciables seguirán tu ejemplo. Sin embargo, dado que los Aprovechados tienen una noción particular acerca del bien y del mal, en ocasiones es aconsejable reforzar el ejemplo de tu comportamiento con una dura advertencia sobre las posibles consecuencias de infringir los derechos de los demás, violar la autoridad financiera o utilizar equipamientos de la empresa.

- *Enséñales a tener un criterio definido.* Los Aprovechados cuentan con una capacidad reducida para comprender cómo se debe utilizar la autoridad correctamente. Por lo tanto, darles un cheque en blanco o un acceso libre a los recursos de la empresa es un grave error. Si consiguen salirse con la suya en algún acto no ético, pensarán que su puesto les permite ese tipo de libertades; llegados a este punto, los Aprovechados normalmente se ven atrapados en su propia red de corrupción. Enseñarles a comprender, elegir y decidir correctamente el uso de los medios de la empresa exigirá mucha paciencia, un seguimiento y mucha mano izquierda, sobre todo al principio. Pero como, de hecho, suelen ser personas responsables en relación con aspectos no económicos, para enseñarles a administrar correctamente vale la pena dedicar parte de tu tiempo y de tu esfuerzo al empeño.

- *No aceptes nada que no sea su total dedicación.* Los Aprovechados normalmente suelen tomar atajos cuando pueden, lo que provoca que sus resultados no sean óptimos. Para conseguir lo mejor de lo que son capaces los Aprovechados, no aceptes nunca nada que esté por debajo de sus facultades. Mostrarles sus pobres resultados e insistir en que rehagan un trabajo hasta que sea aceptable representa un mensaje claro de que son capaces de trabajar mejor y de que no aceptarás menos que eso.

- *Decide dónde poner el límite.* Dirigir a Aprovechados puede resultar una experiencia difícil. En la mayor parte de los casos suelen ser buenos trabajadores, y encontrar sustitutos para este tipo de subordinados no resulta siempre fácil. Por otra parte, son capaces de hacer ciertas cosas que te colocarán en el papel de juez y jurado en relación con su futuro. Aunque resulta imposible prever todo tipo de posibles usos ilícitos de los recursos de la empresa, es aconsejable estar preparado sobre cómo reaccionarás ante situaciones de corrupción previsibles. Y ya que resulta tan duro tener que afrontar los problemas personales creados por ellos mismos, dejar claro a tus subordinados dónde colocas la línea divisoria entre las conductas apropiadas y las inaceptables contribuirá con seguridad a que la mayoría de ellos se mantengan en el lado que no genera problemas para nadie.

Llevarse bien con los Aprovechados exige que no te veas envuelto en su red de corrupción. También exige ayudarles a entender la diferencia entre el uso debido e indebido de los recursos de la empresa, y las consecuencias que comporta la violación de tu autoridad o de la confianza de los demás. Cuando comprendan que las normas también les afectan a ellos, los Aprovechados acabarán por regirse por las mismas reglas a las que todos estamos sujetos.

Epílogo

Ser el tipo persona a la que los demás no tratan de evitar es importante también a la hora de desarrollar y mantener unas relaciones satisfactorias en el trabajo.

A lo largo de mi carrera he tenido la oportunidad de trabajar en empresas magníficas. Sin embargo no he encontrado ninguna compañía que no se enfrentara al reto de optimizar las relaciones con los tipos de personas que analizo en este libro.

He tenido también el privilegio de trabajar con un gran número de personas excepcionales a las que jamás intenté evitar y a las que dediqué todo mi esfuerzo para no decepcionar. Aunque todos estos individuos presentaban rasgos muy diferentes, todos parecían compartir unas ciertas cualidades que hacían el trato con ellos mucho más fácil. Aunque existe la tendencia a pensar que la gente extraordinaria posee cualidades casi místicas fuera del alcance de la mayoría de nosotros, todo el mundo puede cultivar las cualidades de aquellos con los que yo he trabajado. Estoy convencido, también, de que esas cualidades deben tenerse muy en cuenta a la hora de establecer y desarrollar unas relaciones profesionales fértiles tanto como jefes, como compañeros o como subordinados.

Como jefe:

- *Comunícate.* Presta atención total a tus subordinados cuando te dirijas a ellos o cuando estés escuchando lo que tengan que decirte. Sé accesible. No desprecies a nadie. Has de estar preparado para tratar temas muy sensibles o tremendamente sinceros. Y guárdate siempre las confidencias.

- *Apoya a tus subordinados.* Alégrate con ellos cuando les vaya bien, anímalos cuando estén luchando, solidarízate con ellos cuando sufran, y procura estar preparado por si has de intervenir en favor suyo.

- *Perdona errores bienintencionados.* Perdonar los errores involuntarios de tus subordinados contribuirá a mejorar sus resultados en el futuro. Además ayudará a aumentar su dedicación, a propiciar sus iniciativas, y así reforzar su sentimiento de autoestima.

- *Muestra tu aprecio.* Las muestras sinceras de tu aprecio por sus esfuerzos y por el trabajo bien hecho contribuirán aún más a reforzar tus relaciones profesionales que cualquier otra cosa que puedas hacer. No subestimes nunca el valor de un «gracias» a la hora de crear lazos personales que conseguirán ahorrar muchas tensiones.

Como compañero:

- *Sé un aliado.* Todos tenemos muchos miedos que nos hacen estar en guardia. Cuando tus compañeros te consideren su aliado, bajarán la guardia, se abrirán y se mostrarán cooperativos. Y no te equivoques: sólo un aliado puede ser capaz de ayudarte a salir de situaciones en las que tú solo fracasarías.

- *Afronta los temas.* Es más frecuente que una relación se deteriore como resultado de un proceso de pequeñas disputas que como consecuencia de una gran discusión. Por lo tanto, las discusiones con tus compañeros deberían restringirse exclusivamente a temas importantes. Y una vez que todo lo que se tenía que decir se ha hablado, olvídalo y sigue adelante.

- *Sé objetivo.* Juzgar a tus compañeros sólo te hará perder el afecto que sienten por ti. Mantén tu relación con ellos centrada en los aspectos positivos. Quita importancia a las diferencias personales que son fáciles de juzgar pero que carecen de valor real para tu éxito y el de los demás.

- *Compite justamente.* En todas las empresas los compañeros compiten entre sí. Las personas que compiten y vencen de una forma justa no suelen merecer el resentimiento de los demás. Aunque a veces se diga que ganar lo es todo, no hay nada más valioso que tu propia dignidad.

Como subordinado:

- *Cumple con tu trabajo.* Nada te reportará el aprecio de tu jefe y el de tus compañeros como hacer tu trabajo y hacerlo bien. Sé responsable. Sé minucioso. Y nunca olvides el hecho de que ser bueno en tu profesión es la forma más rápida de progresar en tu carrera.

- *Sé alegre.* Una actitud alegre hace que los demás se sientan atraídos hacia ti y ayuda a disimular tus defectos. A nadie le gusta tener un contrincante agresivo y, en cambio, todos preferimos a los que llevan sus dificultades con dignidad.

- *No seas una carga.* Evita ser un peso para tus jefes y compañeros con preguntas que no hace falta formular, con instrucciones y pautas que no necesitas o con información sobre tus actividades que no necesitan o no quieren recibir.

- *Sigue las normas hechas para cumplirse.* No es un mal consejo decirte que tengas el valor de romper las normas. Sin embargo, el resultado práctico de saltarte las normas hechas para ser cumplidas es que otros tienen que poner freno a tu comportamiento, y esto normalmente te coloca en la peligrosa zona de penalti.

Por último pero no menos importante:

Si hay una cualidad compartida por todas las personas extraordinarias ésta es su actitud ante la vida. Estas personas suelen ser alegres y no se desaniman con facilidad. Se enfrentan a los problemas que tienen solución y aceptan aquellos que no pueden solventarse. Se fijan en lo mejor de los demás y no critican los defectos de nadie. Trabajan para ganarse la vida pero viven para disfrutar de la vida con los que les rodean. Y aunque son serios cuando lo tienen que ser, conservan su sentido del humor incluso en las situaciones más adversas.

Adoptar esta actitud no será suficiente para hacer de ti un héroe, alguien que siempre vence y nunca pierde. Pero contribuirá en gran medida a hacer de ti una persona que los demás no traten de evitar a toda costa. Y tratándose de relaciones laborales, esto es lo máximo a lo que se puede aspirar.

El autor

Los libros de Wess Roberts han sido traducidos a veinticinco idiomas. Vive en Utah, donde escribe y da conferencias sobre liderazgo y desarrollo personal, y dirige un programa de consultoría para directivos.

Otras obras en Empresa Activa

Lencioni nos ofrece una gran lección de sabiduría empresarial: resulta crucial para los directivos de cualquier empresa dedicar sus mayores esfuerzos a construir una organización saludable. Este objetivo suele ser relegado por muchos líderes porque requiere disciplina, coraje, una visión a largo plazo y resulta difícil de medir en términos cuantitativos.

Las cuatro obsesiones de un ejecutivo presenta las cuatro claves fundamentales para conseguir que una empresa cuente con una organización que goce de buena salud:

· Crear un equipo de liderazgo
· Crear claridad organizacional
· Comunicar esa claridad
· Reforzar la claridad organizacional mediante los sistemas humanos.

También proporciona las herramientas para aplicar esos principios de una manera clara y tremendamente práctica.

Bob Davis, fundador y ex presidente ejecutivo de Lycos, transformó, en apenas cinco años, una empresa creada con una inversión inicial de dos millones de dólares en la marca más grande a nivel mundial de cualquier portal de Internet, valorada en 5.400 millones de dólares al fusionar Lycos con Terra para formar Terra Lycos.

La premisa central de Bob Davis se resume en que la velocidad en la toma de decisiones acertadas para no dejar pasar las nuevas oportunidades de negocio se ha convertido en un imperativo crítico para la supervivencia de cualquier tipo de empresa.

En *La velocidad... marca la diferencia*, ilustrada con anécdotas y ejemplos de éxitos y fracasos de Lycos y de otras empresas, Davis, cuya valiosísima experiencia como una de las personas que más ha contribuido a configurar la nueva economía es indiscutible, expone las lecciones que ha aprendido para mantenerse un paso por delante en un mundo cada vez más competitivo, y en el que el futuro pasa por la sinergia entre las empresas tradicionales y sus homónimas en la red.

La velocidad... marca la diferencia es mucho más que una guía para ganar. Le apasionará y le inspirará.

Visítenos en la web:

www.empresaactiva.com